DIN
NÄSTA
NIVÅ

Din resa mot klarhet och livet du drömmer om

Hej.

*Jag har gett mitt allt för att skapa så mycket värde till dig
som möjligt utan att sväva ut i för långa historier.
Jag vill innerligt att du ska lyckas vad du än tar dig för,
och jag hoppas kunna vara en liten betydande del av din
resa framåt mot Din Nästa Nivå.*

Kör hårt

John Lonn

Förlag: BoD · Books on Demand, Östermalmstorg 1, 114 42 Stockhol
m, Sverige, bod@bod.se
Tryck: Libri Plureos GmbH, Friedensallee 273, 22763 Hamburg, Tyskl
and

Bokomslag: Lonn Management AB
Första utgåvan 2025

ISBN 978-91-8097-085-3

**Besök www.johnlonn.com för mer information, coachning och
relaterade produkter.**

Tack till Jasmin, min älskade fru som stöttar mig i upp- och nedgång.

Dina tankar formar dina val

Dina val skapar dina handlingar

Dina handlingar skapar dina resultat

Dina resultat skapar din frihet

"Guiden för dig som är redo att ta kontroll över livet.
Verklig förändring sker inte av en slump, utan genom medvetna val och dedikerat arbete. "

INNEHÅLL

NU KÖR VI!

Nästa nivå av ditt liv börjar här och nu. Du står inför en möjlighet att förändra ditt liv på riktigt. Det här är inte bara motivation eller information; det är en beprövad metod för att lyfta dig till nästa steg i din utveckling – oavsett om du fokuserar på karriär, självförtroende, hälsa eller mental styrka.

Genom att följa stegen i denna bok kommer du att få tillgång till verktyg, insikter och strategier som framgångsrika entreprenörer, idrottare och ledare använder för att nå sina mål. Du kommer att lära dig att ta kontroll över ditt mindset, skapa kraftfulla vanor och bryta igenom de mentala barriärer som tidigare hållit dig tillbaka.

Utöver mina egna lärdomar och erfarenheter får du i boken indirekt kunskap och strategier från mina egna förebilder och mentorer som tex: Tony Robbins, Jim Rohn, Alex Hormozi, Elon Musk, Gary Vee, Patrick Bet David, Eric Spofford, Simon Sinek med flera.

Det här är inte en bok för den som söker snabba lösningar eller magiska genvägar. Det här är en bok för dig som är redo att ta ansvar, göra jobbet och skapa verklig och hållbar förändring. Oavsett vad du strävar efter i livet, är detta acceleratorn för varje steg du tar härifrån och framåt.

Vi kommer att dyka djupt i områden som:

- Hur du programmerar dina tankar för framgång
- Vanor och strategier som maximerar din energi och produktivitet
- Hur du skapar disciplin och motivation som håller över tid
- Mentala verktyg för att hantera motgångar och bygga inre styrka
- Hur du sätter tydliga mål och ser till att de förverkligas
- Hur du stärker dina relationer
- Hur du styrker din karriär

Om du någon gång har känt att du har mer potential än du lever ut – att du önskar mer klarhet, framgång och mening – då är detta boken för dig.

Det är inte bara jag som bidragit till informationen i den här boken. Under de närmaste 20 åren har jag samlat på mig både citat och inspiration från några av de bästa inom personlig utveckling så som Tony Robbins, Jim Rohn, Napoleon Hill, Alex Hormozi, Elon Musk, Gary Vee, Patrick Bet-David, Eric Spofford, Simon Sinek, David Goggins med flera.

Nu är det dags att sluta tänka på förändring och börja agera. Det är dags att investera i dig själv och ta kontroll över din framtid.
Det är dags att gå "all in" på den bästa versionen av dig själv.

Framgångscirkeln

Under min karriär inom idrott, yrkesliv, företagande och rollen som familjefar har jag insett hur svårt det är att balansera livet och karriären enbart på en, två eller tre styrkor. Livet tenderar att utmana oss från många håll samtidigt. Därför är det viktigt att bygga flera styrkor att stå på, för att skapa en robust och stabil bas att utgå ifrån.

Med en stadig bas öppnar sig betydligt fler möjligheter, och det är just därför jag har utvecklat systemet "Framgångscirkeln" – en livs accelerator bestående av åtta viktiga delar som ger dig möjligheten att accelerera ditt liv till nästa nivå. När du bemästrar många aspekter av ditt liv sker något magiskt; du kommer börja se problem som möjligheter, och du kommer att bibehålla ett positivt momentum oavsett vilka utmaningar du möter.

Genom att arbeta med helheten skapar vi förutsättningarna för att snabbare ta dig till nästa nivå, jämfört med om du bara hade fokuserat på ett eller två områden. Vi kommer skapa den klarhet du behöver och effektivt agera på de uppgifter som krävs för att nå det liv du drömmer om.

Mitt jobb är att utmana och pusha dig till att våga ta de första viktiga stegen, så att du sedan kan börja bygga ditt eget momentum.

Basen i Framgångscirkeln

Basen består av tre steg som du behöver gå igenom för var och en av de åtta ämnen som framgångscirkeln sedan handlar om.

Det är lätt att läsa och låta sig bli inspirerad av information, men om du inte arbetar med informationen och sedan implementerar den i ditt liv sker aldrig någon förändring.

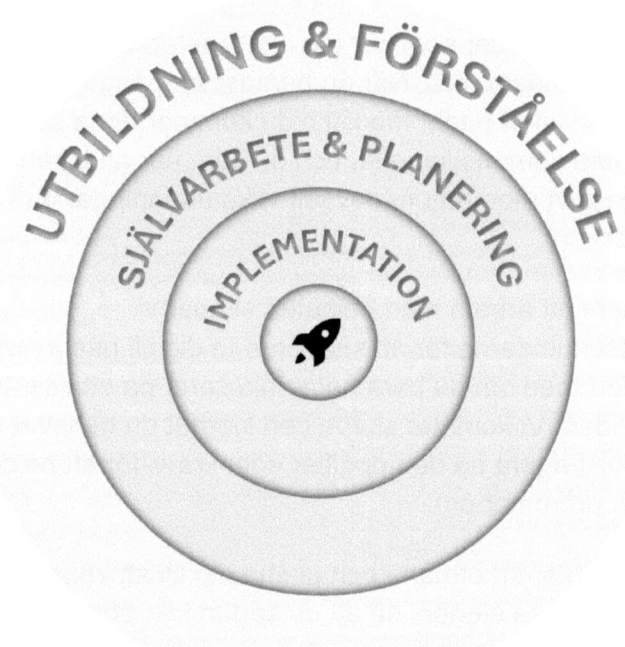

Utbildning & förståelse:
Detta representerar all information i boken.
Vi omprogrammerar din hjärna, tar bort gamla
tankemönster och implementerar nya tankesätt som
förbereder dig för framgång.

Självarbete & planering:
Här arbetar du med dig själv, reflekterar, identifierar dina
tankemönster, vänjer dig vid en ny självbild, byter ut
negativa känslor mot positiva och planerar utifrån de
insikter du fått i boken.
Använd en anteckningsbok medan du läser och skriv
hela tiden ner dina reflektioner. Då skapar du sakta din
egna framgångsversion av boken som ligger i linje med
din unika förståelse och situation.

Implementation (IMPL):
Det är här du börjar skapa resultat och genomföra de
förändringar som leder dig till nästa nivå, och sedan
vidare till ännu högre nivåer.
Dina dagliga rutiner dikterar din framgång.

Framgångscirkelns delar

Framgångscirkeln fokuserar på åtta viktiga delar som tillsammans skapar en robust accelerator i ditt liv, och som låter dig stå på flera stabila ben i framfarten mot din nästa nivå..

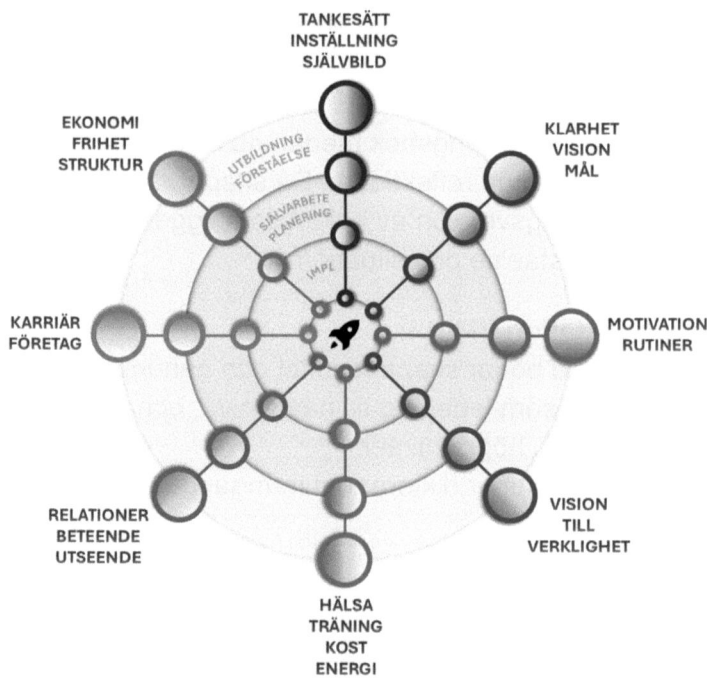

1. Tankesätt, inställning, självbild

"Förändra ditt tankesätt och självbild – nyckeln till att bryta igenom dina begränsningar, ta kontroll över ditt liv och nå nästa nivå. Här får du verktygen för att programmera om dina tankar, stärka din självbild och börja agera direkt – utan att vänta på att känna dig redo."

2. Klarhet, vision, mål

Förvandla drömmar till verklighet genom tydlighet, vision och mål. Få verktygen och mindsetet för att ta kontroll, agera med riktning och lämna stagnationen bakom dig – ett litet steg i taget. Din framtid börjar här och nu!

3. Motivation och rutiner

Sluta jaga motivation – börja skapa resultat. Upptäck varför disciplin, rutiner och action är nyckeln till verklig förändring. Lär dig bygga vanor som håller dig igång även när motivationen sviker, och ta kontroll över din framgång direkt.

4. Vision till verklighet

Sluta vänta på din framtid – skapa den redan idag. Genom att agera i linje med ditt framtida jag och göra små, strategiska val varje dag, bygger du steg för steg livet du drömmer om. Det är dags att bli den person du vill vara – redan nu.

5. Hälsa, träning, kost, energi

Bygg ett liv med maximal energi, styrka och välmående – steg för steg. Upptäck hur små förändringar i träning, kost och sömn direkt boostar din prestation och livskvalitet, så att du orkar leva starkt både idag och i framtiden.

6. Relationer, beteende, utseende

Lyft fram det bästa av dig själv genom starkare relationer, självsäkert beteende och ett utseende som speglar din potential. Få nycklarna för att direkt öka ditt självförtroende och skapa möjligheter – börja transformera ditt liv, ett möte i taget.

7. Karriär och företagande

Bygg en framgångsrik och hållbar karriär med rätt mindset, människor och strategier. Lär dig att leda med tydlighet, sälja med övertygelse och gå från idé till action – även om allt inte är perfekt. Ditt nästa genombrott börjar med ett enda steg.

8. Ekonomisk frihet och struktur.

Förvandla din ekonomi från stress till frihet genom rätt mindset, smart struktur och strategiska handlingar. Upptäck hur du kan skapa värde, bygga passiva inkomster och få pengarna att jobba åt dig – så att du kan leva livet på dina egna villkor.

Om mig

När jag var 16 år flyttade jag hemifrån för att gå på snowboardgymnasiet i Malung, Dalarna.

Genom hårt och målmedvetet arbete tog jag mig vidare till Juniorlandslaget, Svenska Landslaget och till slut Olympialaget. Vägen dit var kantad av både framgångar och motgångar, risker och skador.

Som junior upplevde jag till en början en ojämn prestation; en bra tävling följdes ofta av en mindre bra tävling.

Efter en särskilt misslyckad tävling där pressen var stor gav min pappa mig en bok om idrottspsykologi, vilket blev en avgörande vändpunkt i just min situation.

Med nya insikter och psykologiska verktyg föll allt på plats.

Under min idrottskarriär upplevde jag många speciella ögonblick och framgångar. Bland annat var jag rankad tia i världen i Halfpipe, har äran att inneha en FIS världscup medalj samt VM-medalj.

Under den perioden i mitt liv lärde jag mig vikten av mental styrka för att prestera på högsta nivå.

2001 vändes hela mitt liv på sin kant när jag på VM i Österrikiska Kreischberg hade av mitt korsband i vänster knä. Efter 10 månaders rehab gjorde jag comeback på Världscupen, men mitt knä blev aldrig tillräckligt starkt för att kunna klara av det hårda trycket och vridningar vi som snowboardåkare behöver parera, och det gick av igen.

Det här var en mentalt tuff period i livet. Efter att under

så många år haft ett tydligt mål och identitet var allt borta och jag behövde börja om från noll med att bygga upp en ny identitet med nya mål.

Som en rolig parantes i min idrottkarriär har jag även ett VM-brons i Segway-Polo.
2023 rankades jag även inom top 10% i Europa i CrossFit för herrar (40-44 år).

Efter min idrottskarriär kombinerade jag till en början min idrottsbakgrund med försäljning.
Sedan dess har jag under 25 år byggt upp en framgångsrik yrkesbana inom sex olika branscher och arbetat i fyra olika länder. Jag har gång på gång blivit headhuntad till allt tyngre positioner, som Nordenchef och VD, främst inom försäljning, marknadsföring och finans.

Under de senaste nio åren har jag byggt upp ett av Sveriges snabbast växande fordonsföretag och driver även flera andra projekt – från coaching inom personlig utveckling till e-handel och ett egenutvecklat affärssystem med eget företag på Sri Lanka.

Min passion för karriär, hälsa, träning och personlig utveckling genomsyrar allt jag gör. De strategier jag lärde mig som idrottare är idag grundpelare i mitt entreprenörskap och liv.

Jag brinner för att hjälpa andra nå sina mål och delar därför med mig av mina insikter i den här boken, "Din Nästa Nivå". Följ mig även gärna i Sociala medier där jag näst intill dagligen delar med mig av insikter och tankeutmaningar.

Privat är jag 44 år (2025), gift med Jasmin och pappa till två söner, Loui, 11 och Neil, 9.
Vi bor i Stockholm och Marbella i Spanien.

Mitt varför

Jag har arbetat på den här boken i över 20 år. Allt började 1997 när jag läste min första bok om personlig utveckling. Sedan dess har jag genom hela min karriär samlat på lärdomar, citat och insikter från livets utmaningar.

För ett par år sedan läste jag en artikel där människor intervjuades om sin största ångest på dödsbädden. Det slog mig att min största rädsla skulle vara att inte kunna guida mina barn genom livet med all kunskap jag samlat på mig. Det fick mig att börja skriva mer, dela mina insikter i sociala medier och coacha andra.

Min önskan är att hjälpa så många som möjligt att nå sin fulla potential och nu är det dags för dig att ta dina första steg mot Din Nästa Nivå.

Strukturen i boken

Strukturen i boken är uppbyggd på samma sätt som jag själv föredrar att ta in information: i små, korta, rakt på sak - sektioner. De citat du ser är från både mig och nämnda förebilder.

Boken är egentligen inte designad för att läsas i ett svep. Min tanke är att du ska ta pauser, reflektera över det du just läst och fundera på vad det betyder för dig – både i din nuvarande situation och i den framtid du strävar efter. Andra gången du läser den kommer ge din nya insikter och den tredje likaså eftersom du utvecklas.

Du behöver även ha något att skriva på.

Jag rekommenderar dig därför att köpa en anteckningsbok. Du kommer ha mycket nytta av en sån i din personliga utveckling.

Du kommer märka att liknande tankesätt återkommer i boken. Det beror på att vårt sätt att tänka genomsyrar alla delar av Framgångscirkeln. Detta är medvetet utformat för att ge dig olika perspektiv och repetition så att du kan utveckla rätt tankebanor för varje del av Framgångscirkeln.

Med det sagt så hoppas jag att du är peppad på att äntligen komma igång och är redo för dina nästa steg mot DIN NÄSTA NIVÅ!

NU SÄTTER VI IGÅNG!

TANKESÄTT

INSTÄLLNING

SJÄLVBILD

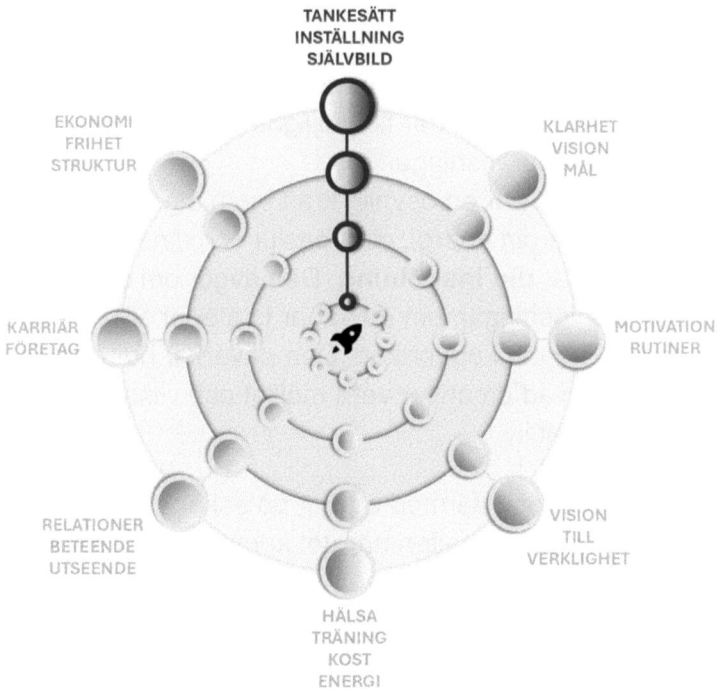

Varmt välkommen till den första delen av Framgånscirkeln där vi ska prata om hur ditt tankesätt och din inställning kan hjälpa dig att skapa både yttre framgång och inre välbefinnande.

Har du någonsin känt att något håller dig tillbaka – en osynlig barriär mellan dig och det liv du egentligen vill leva? Svaret ligger närmare än du tror: i dina tankar, din inställning och den bild du bär av dig själv.

Allt du gör, allt du uppnår och allt du upplever i livet formas av en sak: **ditt tankesätt**. Det är nyckeln som antingen låser upp dörrar till möjligheter eller håller dig fast i gamla begränsningar.
Tänk dig att du har en osynlig kraft inom dig – en kraft som kan styra din energi, dina beslut och din framtid.
Den kraften är **din inställning**. Den avgör om du ser hinder eller lösningar, om du vågar ta steget eller stannar kvar i din komfortzon. Den påverkar hur du ser på dig själv, vad du anser vara möjligt och vilka resultat du skapar i ditt liv.

Hur du tänker och därmed agerar på saker runt omkring dig är den första anhalten när det kommer till all form av självutveckling.
Därför kommer vi börja gräva på djupet här för att bereda vägen för all annan information som vi kommer prata om senare i boken.

Ett vanligt påstående inom populärpsykologi är att 70%-80% av de tankar vi tänker är negativa eller kritiska (Det finns ingen exakt mätning av detta). Därför är det allmänt känt att dina egna tankar begränsar dig, vilket blir en form av självsabotage. I den här första delen ska vi därför begränsa självsabotage och bana väg för möjligheter i stället. Det är faktiskt så att det ofta är självdialogen i ditt huvud och din interna röst och inställning som antingen lyfter dig eller håller dig tillbaka.

Ända sedan barnsben har vi blivit programmerade av folk runt omkring oss – våra föräldrar, våra lärare, gamla kompisar och så vidare.
Mycket av det du tänker och hur du agerar på saker runt omkring dig är till stor del ett resultat av hur du är uppväxt.

I den här delen av boken ska vi bryta våra gamla tankemönster och bana väg för ett tankesätt som ligger i linje med de framtida möjligheter som du vill skapa för dig själv, och som vi kommer skapa tillsammans i den här boken.

Så idag ska vi göra en resa som tar oss från problem och hinder till nya insikter och konkreta lösningar. Jag tänkte därför dela med mig av mina bästa tankemönster och inspirerande övningar för att **dominera ditt liv** på ett sätt som gör att du inte bara når dina mål, utan också mår riktigt bra på vägen.

Vi kan nå våra mål och tjäna hur mycket pengar som helst, men har vi ett begränsat tankesätt kring vår omgivning och oss själva och lägger fokus på fel saker, kommer vi ändå inte att leva ett värdefullt liv.

Det här kanske inte är den roligaste delen av boken, och jag vet att du säkert är mer sugen på att hugga in i vissa kommande ämnen, men du behöver visa disciplin nu och ta dig igenom det här.
Oavsett hur du tänker kring det här ämnet, är det helt avgörande för allt annat vi kommer att gå igenom.

Det kommer bli en del självrannsakan, och du kommer behöva tänka på det som för vissa är obekväma sanningar för att ta dig igenom den här delen av boken. Jag ska kicka igång det här med två kraftfulla citat:

"Dit ditt fokus går, flödar energin."

Din uppmärksamhet styr din verklighet. Genom att rikta ditt fokus mot lösningar och möjligheter istället för hinder och problem, kanaliserar du din energi på det som driver dig framåt.

"När du ändrar ditt tankesätt, ändrar du din energi vilket leder till att du ändrar ditt liv."

All förändring börjar inifrån. Ditt tankesätt påverkar din energi, och din energi formar din verklighet. Genom att skifta ditt perspektiv kan du skapa en positiv dominoeffekt som förändrar hela ditt liv.

Så som du ser på något avgör hur du förhåller dig till det. Därför måste du ändra ditt tankesätt för att ändra dina resultat i ditt liv.

- Vill du tjäna mer pengar? Ändra ditt tankesätt.
- Vill du ha mer kärlek? Ändra ditt tankesätt.
- Vill du köpa det där huset? Ändra ditt tankesätt.
- Vill du gå ner i vikt? Ändra ditt tankesätt.

Allt du vill uppnå har redan gjorts – du behöver bara ändra ditt perspektiv, både på dig själv och hur du ser din omvärld.

Du **kan inte** förändra din värld utan att först ändra dig själv. Det är som att förvänta sig att ett päronträd ska producera apelsiner.

Om du behåller samma bild av dig själv som du har nu, kommer du stanna i samma typ av resultat du har nu, det vill säga; du sitter fast i ditt nuvarande jag.

Lyckligtvis är vi inte fast i en trädform, för **du** har något som ett träd inte har, och det är fri vilja. Du kan bli vad du bestämmer dig för att bli (i mänsklig form).

Så till skillnad från ett päronträd som är fast, kan du faktiskt omvandla dig till ett apelsinträd.

Du har kapaciteten att bli vad du tänker och fokuserar din kraft och energi på. Och det är precis det här som det här avsnittet ska handla om.

Det här är startpunkten

Det här delen av Framgångscirkeln är startpunkten på en mental resa som kommer förändra hur du tänker, känner och agerar. Vi ska avslöja de tankemönster som styr ditt liv – och ersätta dem med nya, stärkande sätt att tänka. Du kommer att utmana gamla övertygelser, bryta självbegränsande idéer och ta kontroll över din inre dialog.

Är du redo att omprogrammera ditt mindset och ta din självbild till nästa nivå?

Bra, då kör vi – för ditt nästa genombrott börjar här, nu startar resan mot ett starkare mindset!

Varför tankesättet är nyckeln

"Det enda som står mellan dig och det du vill ha är berättelsen du fortsätter att berätta för dig själv om varför du inte kan få det."

Skriv om din inre berättelse och förändra ditt liv. Dina begränsningar existerar främst i ditt eget tankesätt. Genom att ifrågasätta och omprogrammera de berättelser du upprepar för dig själv kan du bryta mentala blockeringar och ta kontroll över din egen framgång.

Så varför ska vi ägna tid åt att utveckla vårt tankesätt? Svaret är enkelt: Din inre värld styr hur du uppfattar och agerar i den yttre världen. Om du låter negativa tankar och en kritisk inre röst dominera, kommer du troligen aldrig att nå den potential du faktiskt har.

Självdialogen

De ord du säger till dig själv påverkar ditt mod, dina beslut och ditt självförtroende. Om du upprepar för dig själv att du inte duger eller inte är kapabel, kommer du att börja tro på det och agera därefter. Men om du istället matar ditt sinne med stärkande och positiva tankar, kommer du att se dig själv på ett helt nytt sätt och ta beslut som leder dig framåt.

Fokus skapar verklighet

Det du ständigt tänker på tenderar du att uppleva mer av. Om du fokuserar på hinder, dyker fler hinder upp. Om du fokuserar på lösningar, börjar du hitta vägar framåt.

Det är som att programmera din hjärna att se och skapa nya möjligheter. Ju mer du riktar din uppmärksamhet mot det du vill uppnå, desto mer resurser och energi kommer du att mobilisera för att komma dit.

Gamla föreställningar

Många av oss går runt med djupt rotade övertygelser som "Jag kan inte", "Jag har inte tid" eller "Det är för sent för mig." Dessa tankemönster är ofta omedvetna, men de formar våra handlingar och beslut varje dag. När vi medvetet väljer att byta ut dessa mot nya och stärkande tankar, börjar vi bygga upp ett starkare självförtroende och öppnar upp för helt andra möjligheter.

Du styr fjärrkontrollen till ditt liv
Tänk dig att dina tankar är en fjärrkontroll till ditt eget liv. Varje tanke du väljer är som att trycka på en knapp som styr hur du upplever din dag, hur du löser problem och hur du möter framtiden. Genom att lära dig att trycka på rätt "knappar" kan du aktivt styra ditt tankesätt, din energi och din framgång.

Att förändra sitt tankesätt är ingen engångshandling, det är en livslång process. Men genom att varje dag vara medveten om vad du tänker och vilka ord du säger till dig själv, kan du skapa en mental miljö som lyfter dig istället för att hålla dig tillbaka. Din inställning är nyckeln till din framgång.

Fixerat eller flexibelt tankesätt
Nyckeln till framgång

Ditt sätt att tänka påverkar allt – dina prestationer, din förmåga att hantera utmaningar och din inställning till lärande.
Psykologen Carol Dweck har identifierat två grundläggande tankesätt som styr hur vi ser på oss själva och vår potential. Hon kallar det för **fixerat tankesätt** (fixed mindset) och **flexibelt eller växande tankesätt** (growth mindset).

Om du någonsin har tänkt: "Jag är bara inte bra på det här" eller "Jag har aldrig varit kreativ, så jag kan inte lära mig det", så har du upplevt ett fixerat tankesätt.

Å andra sidan, om du har sagt: "Jag kan bli bättre om jag övar" eller "Misstag är en del av lärandet", då har du använt ett flexibelt tankesätt.

Skillnaden mellan fixerat och flexibelt tankesätt

Ett fixerat tankesätt skapar begränsningar.
Ett flexibelt tankesätt öppnar dörrar.

Låt oss titta på hur ett flexibelt tankesätt skapar framgång:

Ser misslyckanden som lärande

Människor med ett flexibelt tankesätt ser misslyckanden som en del av processen. Istället för att tänka "Jag är dålig på det här", tänker de "Jag har inte lärt mig det **än**." Det lilla ordet "än" gör en enorm skillnad – det skapar en känsla av möjligheter istället för begränsningar.

Blir bättre på att hantera motgångar

Alla möter motgångar, men hur vi reagerar på dem är avgörande. Med ett flexibelt tankesätt ser du motgångar som en möjlighet att utvecklas istället för att ge upp.

Bygger självförtroende genom handling

Ditt självförtroende växer när du ser bevis på att du kan förbättras. Ju mer du övar och lär dig nya färdigheter, desto mer stärker du tron på din egen förmåga.

Tar emot feedback som ett verktyg

Istället för att se kritik som ett personligt angrepp, ser

personer med ett flexibelt tankesätt feedback som en väg till förbättring. De vet att de inte är fast i sin nuvarande kapacitet – de kan alltid bli bättre.

Ett par exempel på hur du kan utveckla ett flexibelt tankesätt:

Bli medveten om ditt språkbruk
Lyssna på hur du pratar med dig själv. Säger du saker som "Jag kan inte det här" eller "Jag är ingen säljare"? Ändra det till "Jag kan lära mig det här" eller "Jag blir bättre ju mer jag övar".

Omfamna utmaningar istället för att undvika dem
Nästa gång du står inför något svårt, påminn dig själv om att det här är en möjlighet att växa. Det är genom att ta oss utanför vår komfortzon som vi utvecklas.

Se ansträngning som något positivt
De flesta framgångsrika personer har inte kommit dit de är genom medfödd talang, utan genom hårt arbete och uthållighet. Omfamna processen istället för att fokusera på resultatet.

Lär dig av andra istället för att känna dig hotad
Om någon annan har lyckats med något du vill uppnå, se det som bevis på att det är möjligt för dig också. Studera deras strategi och lär dig av dem.

Bygg en rutin av daglig förbättring
Växande är en vana. Om du varje dag fokuserar på att

bli lite bättre, kommer du över tid att skapa en enorm utveckling.

Välj ditt tankesätt

Ditt tankesätt påverkar allt i ditt liv – från dina prestationer till din lycka och dina relationer. Genom att välja ett flexibelt tankesätt öppnar du upp för en värld av möjligheter.

Fråga dig själv:

- Ser jag utmaningar som hinder eller möjligheter?
- Hur kan jag ändra mitt språk för att bli mer flexibel i mitt tankesätt?
- Vilka områden i mitt liv skulle förbättras om jag började se ansträngning som något positivt?

Ditt tankesätt är inte fast – det kan alltid utvecklas. Och det bästa är att förändringen börjar just nu.

Från problem till lösning

Vårt tankesätt är den osynliga styrkan som formar vår verklighet. Det är genom våra tankar vi bygger vår uppfattning om oss själva, våra möjligheter och världen omkring oss. Men ibland kan dessa tankar bli hinder snarare än verktyg för utveckling.

Att gå från problem / utmaning till lösning handlar om att identifiera de tankemönster som begränsar oss och ersätta dem med nya, mer konstruktiva sätt att tänka. Låt oss titta på ett par exempel:

Vanlig utmaning 1:
Negativ självdialog

Problem: Har du till exempel någonsin hört en liten röst i huvudet som säger: "Jag är inte bra nog" eller "Jag kommer aldrig klara det"? Det är den negativa självdialogen som sätter gränser för din egen utveckling. När du låter dessa tankar styra, skapas en ond cirkel där du ständigt letar efter bevis på din otillräcklighet.

Lösning: Tänk om. Byt ut "Jag kan inte" mot "Jag lär mig varje dag" och kom ihåg att varje gång du försöker något nytt, tar du ett steg framåt. Lägger du all din uppmärksamhet på dina brister, kommer du att uppleva mer bristkänsla. Men om du väljer att fokusera på dina möjligheter och framsteg, kommer du att se fler vägar till framgång.

Vanlig utmaning 2:
Rädsla för misslyckande

Problem: Många av oss har en djup rädsla för att misslyckas, vilket gör att vi aldrig ens vågar ta det där första steget. Vi skjuter upp, tvekar och låter rädslan hålla oss tillbaka. Vi ser ett eventuellt misslyckande som någon form av slutstation istället för en del av vägen framåt och som en naturlig, oundviklig resa.

Lösning: Det är dags för dig att omdefiniera misslyckande. Varje misstag ger dig ovärderlig feedback och visar vad som fungerar och vad som behöver justeras. De mest framgångsrika människorna i världen har misslyckats fler gånger än de flesta ens har försökt. Skillnaden är att de ser varje "misslyckande" som en lärdom, inte en slutgiltig dom.

"Det finns inga misslyckanden, bara lärdomar och resultat."

Vanlig utmaning 3: Jämförelse med andra

Problem: Vi lever i en tid där sociala medier ger oss ett oändligt flöde av andras höjdpunkter och i många fall helt fejkade livsstilar som egentligen bara är ögonblicksbilder av en liten, liten del av någon annans liv. Vi ser deras framgångar, deras resor, deras vackra hem och deras perfekta liv – och vi börjar ifrågasätta vårt eget värde: "Varför har de allt medan jag kämpar?"

Lösning: Jämförelse kan antingen dra ner dig eller lyfta dig. Lösningen ligger återigen i dina händer. Hur väljer du att se på det? Istället för att se andras framgång som en anledning att tvivla på dig själv, använd den som inspiration.

Fråga dig själv: "Vad gjorde den här personen för att komma dit? Och vad kan jag göra i min egen takt?" Kom ihåg att sociala medier visar en filtrerad verklighet – inte hela bilden. Alla personer har problem och utmaningar i sina liv. En annan viktig lärdom jag fått är att du inte ska jämföra ditt egna steg ett, eller steg tjugo, med någon annans steg 900.

Så snälla, välj att bli inspirerad av vad du ser, inte avundsjuk eller nedtryckt. Reagera med "WOW" och känn dig på riktigt inombords inspirerad när du ser någon som ser ut att ligga ett par steg före dig i livet.

Att gå från problem till lösning handlar om att identifiera de begränsande tankemönster vi har och aktivt ersätta dem med mer stärkande tankar. Det är en resa – inte en snabb lösning. Men genom att arbeta med ditt mindset varje dag, kommer du att se hur du går från att vara fast i problem till att plötsligt bli en person som ser lösningar överallt. **Och det är detta som är din väg till verklig utveckling.**

Om du ska förändra dig själv kan du inte längre reagera på samma sätt på en negativ tanke eller vad du upplever som en negativ händelse.
Du reagerar inte längre snabbt och spontant på en negativ tanke eller upplevelse.
Du behåller framöver ditt lugn, analyserar snabbt situationen och fokuserar sedan hundra procent på lösningar istället för problemet.

Försök gå igenom livet mer oberörd. Det innebär att det är okej att skala bort saker runt omkring dig.
Skala bort tankar och situationer som håller dig tillbaka.
Ta bort negativa saker runt omkring dig.
Nyheterna är en sån sak som jag själv tagit bort och som för mig varit oerhört viktigt för att behålla mitt fokus på vad som är viktigt för mig. Men det finns många

sådana fällor i ditt liv; försök identifiera och begränsa dem.

Du kommer dagligen stöta på rubriker som du känner dig lockad att klicka på. Stålsätt dig och undvik de här distraktionerna. Nyheterna och rubriker är designade för våra hjärnor att reagera på, men tro mig – slösa inte bort din tid på detta, och fokusera istället nu ett tag framöver på **din** egen resa och transformering.

Mental styrka och uthållighet

Förvandla varje bakslag till en språngbräda. Genom att se misslyckanden som värdefulla insikter istället för slutstationer, skapar du en mental inställning som driver dig mot kontinuerlig utveckling och framgång.

"Dina svagheter är din styrka."

Gör dina unika egenskaper till din superkraft. Det som en gång sågs som en begränsning kan bli din största tillgång när du lär dig att omfamna och använda det till din fördel.

"Du är starkare än du tror."

Upptäck din dolda kraft. Din kropp och ditt sinne har en enorm kapacitet att hantera utmaningar, och genom rätt träning och inställning kan du uppnå mer än du någonsin trott var möjligt.

Se motgångar som lärdomar

Varje bakslag kan bli en språngbräda till nya möjligheter. Men du måste lära dig att först se dina motgångar som ett litet gupp på vägen, och sedan lära dig utnyttja motgångarna som en hävstång i ditt nästa strategiska drag.

1. Identifiera vad som gick fel.
2. Analysera och ta lärdom direkt när något går fel, och anteckna tre lärdomar från dina senaste motgångar och hur du kan undvika detta nästa gång.
3. Om du står med ett problem, anteckna problemet, och anteckna vilka lösningar du ser.

Genom att uppmärksamma även det minsta misstaget eller problemet på det här sättet ser du till att inte göra om samma misstag om och om igen och du arbetar lösningsorienterat.

Beslut och ansvar

"Du formas inte av dina omständigheter,
utan av dina beslut."

Ibland händer saker vi inte rår på, men vårt sätt att reagera är alltid vårt eget ansvar. Genom att ta fullt ansvar och "Äga problemet" blir vi också den som kan lösa det problemet. Faktum är att du kan lösa precis vilket problem som helst. Alla dina problem är med största sannolikhet redan lösta av någon annan; du måste bara snabbt hitta vägen fram.

Använd AI som hjälp
Jag har på senaste tiden bollat mer och mer av mina tankar och utmaningar med ChatGPT, som jag upplever på sekunden kan ge värdefulla perspektiv och olika förslag på lösningar på ditt problem.
Så jag vill uppmana dig att öppna ett konto hos en AI-tjänst, det kan vara ChatGPT, Grok, Deepseek eller någon annan kompetent AI, och starta en dialog om en av dina närmaste utmaningar.
Se vad du får för svar.
Testa att använda AI:n som din assistent och bollplank.

Våga omfamna dina svagheter
Identifiera tre saker du ser som dina svagheter.
Fundera på hur du kan göra dem till en styrka eller åtminstone hantera dem så att de inte saboterar dina relationer eller resultat.

Träna ditt mod
Ta ett steg utanför din komfortzon varje vecka. Ring det där svåra samtalet, testa den nya träningsformen eller tala inför en mindre grupp på jobbet. Varje gång du gör något läskigt blir du starkare – både mentalt och

känslomässigt.
Ofta behöver du först vända dig inåt för att kunna ta steg framåt.

Självförtroende och visualisering

"Visualisera för att materialisera."

Skapa din framtid genom tankens kraft. Genom att aktivt visualisera dina mål och drömmar, programmerar du ditt sinne för att hitta lösningar och möjligheter som leder till verklig framgång.

"Självkärlek är grunden för allt annat."

All framgång börjar inifrån. Genom att utveckla självkärlek bygger du en stabil grund för hälsa, relationer och prestation – vilket gör att du kan ge mer till både dig själv och andra.

Agera trots rädsla

Självförtroende byggs av handling. Vänta inte på att känna dig "redo" innan du gör något nytt. Sätt igång, och låt framstegen skapa känslan av att du kan. Varje steg du tar stärker din tro på dig själv. Genom att våga agera trots rädsla utvecklas du snabbare och märker att det du en gång fruktade inte var så farligt som du trodde.

Visualiseringsteknik

Ta några minuter varje dag, blunda och se framför dig hur det känns när du nått dina mål. Se detaljerna:

färgerna, lukterna, ljuden, känslan i kroppen. Ju mer realistiskt du kan visualisera det, desto starkare effekt har det på ditt inre. Visualisering är ett kraftfullt verktyg som kan hjälpa dig att programmera ditt sinne för framgång och stärka din motivation.

Självkärlek
Börja dagen med att påminna dig själv: *"Jag är värdefull och redo att ta mig an vad som helst idag."*
Din inställning till dig själv påverkar allt annat i ditt liv. Ta hand om dig själv både fysiskt och mentalt.
Träning, bra sömn och stunder av lugn är investeringar i din mentala bas och ger dig den styrka du behöver för att möta dagens utmaningar.

Att bygga upp självförtroende och använda visualisering som ett verktyg ger dig en mental fördel. När du lär dig att lita på dig själv och ser din egen framgång innan den händer, blir det lättare att ta de steg som krävs för att gå från idé och vision till verklighet. Du kan i princip inte hoppa över det här steget, för det här skapar även den klarhet du behöver för flera av de andra stegen vi kommer att prata om.

Jag!
Min bästa och mest trogna vän

De flesta är oroliga, till stor del baserat på oro för framtiden. När du inte riktigt kan se din väg framåt skapas lätt en underliggande oro som kan skapa stress.

När vi är stressade är vi i ett slags överlevnadsläge, och då är det svårt att se konkreta lösningar.

Ju mer du förstår hur du behöver tänka för att skapa dina resultat desto lugnare kommer du att bli. Ju mer du förstår dig själv desto lugnare kommer du att vara.

En stor del av ditt inre lugn och förståelsen för dig själv är att vara helt klar med var du har ditt stöd i livet. Det första de flesta tänker på när jag säger så är en förälder, livspartner, bästa kompis eller din bil som du verkligen behöver för att ta dig från A till B.

Men jag ska vrida på det perspektivet, för problemet med det är att folk tenderar att komma och gå, och deras tillgänglighet kommer och går.

Alla som står dig närmast nu kommer inte alltid att kunna hjälpa dig när du behöver det. Kanske kan ingen hjälpa dig, för de har helt andra erfarenheter eller har aldrig gått igenom samma problem som du.

Människor förändras och kan inte alltid stödja dig eller vara kvar i ditt liv. De flesta har också egna problem som de behöver prioritera, framför dina.

Därför vill du aldrig helt förlita dig på faktorer som tenderar att förändras. Den enda du till fullo ska förlita dig på är **dig själv**.
Det är lättare sagt än gjort, men som tur är finns det knep för det.

En stor del av den här boken går ut på att skapa förståelse, ett robust tankesätt, sätta dina standarder, skapa klarhet, tydliga mål och tydliga saker för dig att exekvera på.

När du exekverar på det du satt upp för dig själv så gör du vad du säger att du ska göra.
När det sker vinner du, och ett positivt momentum är igång i ditt liv där du har en tydlig bild av vad du ska göra, du har tydliga standarder och du exekverar löpande på dina planer för framtiden.

Nu, min vän, kan du helt plötsligt börja luta dig tillbaka på dig själv.
Du kan lita på dig själv för att du gör enligt din plan (den plan vi skapar här i Framgångscirkeln).
Du kan lita på dina standarder.
Du kan lita på dina mål, och du kan lita på att du kontinuerligt tar nästa steg, och sedan nästa, och nästa.

När detta sker behöver du ingen annan att luta dig emot. Du skapar din egen trygghet genom att dagligen exekvera i linje med dina mål, vilket skapar momentum, vilket skapar motivation, vilket skapar en annan utstrålning och energi hos dig, vilket förändrar din verklighet och ditt liv.

Detta är så nära magi man kan komma; detta är personlig utveckling på högsta nivå, och det är precis så här nya dörrar öppnas upp för din resa som du ännu inte kan se.

Din nya framfart och ditt nya självförtroende går inte obemärkt förbi. Du blir din egen bästa vän och stöttepelare, för du kan lita på att du tar dig framåt längs den plan du skapat för dig själv.

Vi kommer prata mer om både hur du ser på dig själv, dina standarder och dina mål längre fram i boken för att få ihop hela cirkeln som skapar startskottet för dina nya möjligheter i livet.

Negativa tankar

Acceptera inte längre negativa tankar som fastnar i ditt huvud. För att det ska fungera är tricket att lära dig identifiera negativa tankar som poppar upp och inte låta dem påverka dig. Det tar lite tid att träna upp, men när du börjar få kläm på detta, kommer du att lära dig observera dina tankar från ett högre perspektiv, ungefär som vid meditation när du låter dina tankar glida vidare. Jag är personligen ingen expert på meditation och är bara ett par timmar in i min egen träning, men jag brukar se ett hav framför mig där jag observerar alla mina tankar flyta förbi. Däremot är jag å andra sidan duktig på att uppmärksamma mina egna tanker, för det krävs ingen meditation.

Du får hitta din stil, men på liknande sätt kan du lära dig se dina egna negativa tankar.
Jag försöker hantera mina egna negativa tankar på ett av två sätt:

1. **Min negativa tanke är ett faktiskt problem**
   Om problemet går att lösa genom att du behöver göra saker, ta då reda på vilka dessa saker är och skapa en omedelbar "action plan" för dig själv. Du vill agera snabbt, eftersom du inte vill att din negativa tanke ska surna din hjärna längre än nödvändigt. Om du inte gör något åt problemet så kommer det sannolikt få en snöbollseffekt och skapa stress och ångest.
   När problem får pågå känns de efter ett tag alltid större. Träna upp dig att bli grymt effektiv på att städa undan negativa tankar, på samma sätt som du löser vilket problem som helst.

2. **Min negativa tanke är min egen bitterhet, ett antagande eller ett påhitt**
   Skriv ner tanken som ovan. Om det inte går att fixa som i föregående punkt och mest kretsar i ditt huvud som ett surrande bi, måste du programmera om dina tankar för just detta specifika problem.

Testa att vända på din tanke helt och anta det absolut bästa istället kring det du just kände dig negativ till. Fundera på hur du kan vända din tanke till något positivt. Kan du lära dig något om någon annan eller om dig själv? I detta fall kan meditation även komma till hands, se din negativa tanke glida längre och längre bort och ersättas av positiva tankar.

Energi, gränser och återhämtning

"Självvård är inte själviskt – det är en investering i din livskvalitet och ditt välbefinnande."

Självvård är nyckeln till ett hållbart och balanserat liv. Genom att prioritera ditt eget välbefinnande – fysiskt, mentalt och känslomässigt – får du mer energi, klarhet och kraft att möta livets utmaningar och ge mer till både dig själv och andra.

Vi lever i en tid där tempot är högt, informationen flödar konstant och förväntningarna – både våra egna och andras – är högre än någonsin. Att prioritera sin egen energi är därför en av de viktigaste investeringarna du kan göra. När du tar hand om din energi, tar du kontroll över ditt liv. Du blir mer närvarande, mer produktiv och skapar bättre förutsättningar för långsiktig framgång.

Vårda din energi

Energi är grunden för allt du gör. Fundera på vad som lyfter dig: kanske är det träning, att vistas i naturen, att ägna dig åt kreativa projekt eller att äta näringsrik mat. På samma sätt behöver du bli medveten om vad som dränerar dig – som överdriven skärmtid, negativa diskussioner eller att konstant exponeras för stressande nyheter.

En av mina bästa hacks för att hålla fokus på mig, mina utmaningar och min framfart är som nämnt att undvika till exempel nyhetsflödet och vissa konton i sociala media.. Testa det och märk skillnaden i ditt välmående. Nyheter tenderar att vara vinklade negativt, mycket är även helt felvridet, och det blir därmed bara en distraherande nyfikenhet som stjäl vår tankekraft och vårt fokus. De viktiga nyheterna hittar ändå alltid fram till dig genom samtal med vänner och kollegor.
Detta var bara ett exempel, **vad mer kan du ta bort?**

Sätt tydliga gränser

> *"Att säga nej är att*
> *säga ja till det som är viktigare."*

Många tror att gränser handlar om att stänga ute andra, men det handlar snarare om att skapa utrymme för det som betyder mest för dig.

Börja med att skriva en "Inte-göra-lista" – saker du vill minska eller ta bort helt. Det kan vara att scrolla på sociala medier i timmar, säga ja till allt av rädsla för att verka otrevlig eller att fastna i tidsslukande aktiviteter utan verkligt värde för det du vill åstadkomma i livet. När du aktivt väljer bort det som dränerar dig frigör du tid och energi för det som verkligen spelar roll.

För mig själv som haft en hektisk karriär och byggt flera framgångsrika bolag, har det här varit väldigt viktigt. Du kommer bli ifrågasatt varför du inte vill gå på afterwork eller sitta och fika, och du kommer märka att du drar dig mer och mer från att umgås med folk som pratar om irrelevanta saker som vädret, nyheterna, trender, politik och så vidare.

Ett varningens finger i samband med det här: Om du stöter på eller umgås med folk som tenderar prata mycket och negativt om andra personer, undvik den personen. Säg ifrån och förvänta dig en omedelbar förändring, eller sluta umgås med en sådan person. Med största sannolikhet kommer han eller hon även prata om dig. Om du ska ta viktiga steg framåt i livet har du inte tid att involvera dig i en massa skitsnack.

Som du ser handlar en del av din framfart om prioriteringar. När du prioriterar rätt har du mer tid till dig själv och din personliga resa framåt. Men du behöver sätta upp regler för detta då det är lätt att bara glida med på massa saker som är mindre viktiga.

Själv låter jag mina begränsningar gå i vågor. Precis som livet tenderar gå upp och ner så har jag perioder av mer eller mindre fokus.

Du faller dock bara tillbaka till dina nya uppgraderade standarder.

Återhämtning

> *"Framgång är inte bara resultatet av hårt arbete, utan också av regelbunden återhämtning."*

Att prestera på topp handlar inte om att konstant vara igång – det handlar om balansen mellan aktivitet och vila. Utan återhämtning faller allt samman.

Planera därför in små mikropauser under dagen: Ta en kort promenad, andas djupt i några minuter eller stäng av skärmen och låt ögonen vila. De små handlingarna kan verka obetydliga, men de gör en enorm skillnad för ditt ork, ditt fokus och din långsiktiga hälsa.

Att hantera sin energi, sätta gränser och prioritera återhämtning är inte ett lyxproblem – det är en förutsättning för att leva ett hållbart och framgångsrikt liv. När du tar ansvar för din egen energi och skapar vanor som stärker dig, bygger du en stabil grund för både personlig och professionell utveckling. Genom att investera i dig själv idag, skapar du möjligheter för en framtid där du både mår bra och presterar på topp.

Hantera jämförelse, ego och kritik

"Din största fiende är ditt ego."

Släpp egot och väx snabbare. Genom att övervinna stolthet och vara öppen för feedback och lärdomar frigör du din fulla potential och skapar möjligheter för verklig framgång.

"Jämför dig inte med andra – jämför dig med ditt bästa jag."

Din enda riktiga konkurrent är du själv. Fokusera på din egen utveckling istället för att mäta dig mot andra, och se hur du kontinuerligt blir en bättre version av dig.

Omfamna feedback

Kritik kan vara en ovärderlig källa till utveckling – men bara om vi lär oss att hantera den på rätt sätt. Ofta reagerar vi instinktivt med försvar när vi får feedback, särskilt om den känns orättvis eller oväntad. Men vad händer om vi istället väljer att lyssna, anteckna och reflektera?

Fråga dig själv: "Vad kan jag lära mig av det här?" När du släpper egot och ser kritik som en möjlighet snarare än en attack, öppnas dörren till personlig tillväxt. Själv arbetar jag på att lyssna klart och reflektera innan jag spontant svarar på både ett problem och om jag får kritik. Jag får det inte alltid att fungera, vilket är ok för vi kan inte alltid vara perfekta, men detta är min absoluta ambition.

Jämförelse – Glädjens tjuv

Vi lever i en tid där sociala medier visar upp en filtrerad verklighet, vilket lätt får oss att tro att alla andra har det bättre. Vi ser framgång, lyx och perfekta liv – men sällan kampen bakom kulisserna. När jämförelse blir en vana, försvinner glädjen.

Men vad händer om vi skiftar perspektiv på hur vi väljer att uppleva det här?

Istället för att låta andras framgång få oss att känna oss otillräckliga, kan vi använda den som inspiration. Deras prestationer är bevis på vad som är möjligt. Om någon annan har lyckats, betyder det att du också kan göra det – på ditt sätt, och i din takt.

Men det viktiga här är att vi medvetet **väljer** en känsla som gynnar oss i motsats till att bli avundsjuk.

Du måste ändå gå din egen väg – så skapa en känsla av att allt är möjligt. Du behöver den känslan, jag lovar.

Definiera din egen framgång

Vad betyder framgång för dig?
Är det pengar och status, eller är det friheten att styra din tid?
Kanske handlar det om att ha mer tid med familjen, att jobba med något som känns meningsfullt eller att skapa en livsstil där du känner dig tillfreds.

Ta fram din anteckningsbok och skriv ner din egen definition av framgång just nu.

När du är tydlig med vad som verkligen betyder något för dig, blir det lättare att hålla dig motiverad och fokuserad på din egen väg – istället för att distraheras av andras liv.

Min definition av framgång just nu är att göra det jag säger att jag ska göra inom de åtta områden vi just nu går igenom i Framgångscirkeln, för jag vill leverera på en helhet i livet, inte bara på ett område.
En av de starkaste definitionerna av framgång för mig är att planera och sedan exekvera på de planer jag skapar och de mål jag bryter ner till dagliga uppgifter som skapar små dagliga vinster. De små vinsterna skapar ett positivt momentum som föder energi och motivation.
Vi gå in djupare på hur du själv gör detta längre fram i boken.

Skapa din egen version av framgång, eller sno min – det spelar ingen roll. Det viktigaste är att du **börjar** skapa tankar nu kring vad du vill.

I slutet av boken ska din plan vara glasklar, och det är långt kvar, så du behöver inte bli superstressad, men se till att få ner ett par punkter som är viktiga för dig i din anteckningsbok redan idag.

Ego
Ditt ego kan vara din största fiende, men också en kraft om du använder känslan rätt. Feedback kan vara en genväg till utveckling om du lär dig att ta emot den med ett öppet sinne. Jämförelse kan antingen dra ner dig

eller inspirera dig att bli ditt bästa jag – och jag rekommenderar starkt att du väljer det senare.

När du definierar vad framgång betyder för dig, får du en tydlig kompass att navigera efter – en väg som leder dig mot en tillfredsställande och autentisk livsresa.

Dominera ditt liv genom rätt prioriteringar

"Tid är den mest värdefulla resursen – investera den klokt."

Genom att prioritera rätt aktiviteter och eliminera distraktioner, skapar du utrymme för det som verkligen driver dig framåt och ger långsiktig avkastning på din livsinvestering.

Din tid är begränsad, och hur du använder den avgör hur långt du når. Prioriteringar är skillnaden mellan att vara upptagen och att vara produktiv. Du kan till exempel vara upptagen med att titta på Netflix, men du är inte alls produktiv i att skapa livet i dina drömmar. När du investerar din tid i det som verkligen driver dig framåt, skapar du resultat som gör skillnad.

Fokus på det viktiga – Dina topp 3
Börja varje dag med en **Topp 3-lista** över de viktigaste

uppgifterna du behöver genomföra. Dessa uppgifter ska vara det som ger störst effekt på din framgång och ditt välmående. Om du börjar dagen med oviktigt småfix, fastnar du lätt i en loop av distraktioner och tappar farten i det som verkligen betyder något.

Ställ rätt frågor till dig själv

För de utmaningar som dyker upp under dagen bör du ställa dig själv rätt frågor istället för att spontant reagera. Ditt mål är att hantera alla udda situationer eller konflikter i ditt liv med självkontroll, lärdom och rätt prioritet.

Hur du ställer frågor till dig själv påverkar hur du ser på de utmaningar som dyker upp.
Istället för att fråga "Varför händer detta mig?" kan du fråga:

- *"Hur kan jag lösa det här?"*
- *"Vad kan jag lära mig?"*
- *"Vilka lösningar finns?"*

När du tränar ditt sinne att se lösningar istället för problem skapar du mental styrka som gör dig mer motståndskraftig. Problemlösning blir en vana istället för en stressfaktor.

Anpassning och personligt ansvar

"Du kan inte förändra vädret,
men du kan förändra dig själv."

Livet kommer alltid att vara oförutsägbart. Ekonomin svänger, människor förändras och oväntade händelser inträffar. Det enda du kan kontrollera är hur du reagerar när något oväntat sker.

Så när du befinner dig i en utmaning, oavsett om det är privat eller på jobbet, ta ett djupt andetag och fråga dig själv: "Hur kan jag anpassa mig så att jag fortfarande rör mig framåt?"
Att ta ansvar för sin egen utveckling är både krävande och befriande. För när du inser att det är dina val – inte de yttre omständigheterna – som formar din framtid, får du en känsla av kontroll och riktning. Du kan inte styra allt som händer, men du kan styra hur du hanterar det. Och du kan också välja att ta ansvar för sådant du inte kan styra.

Att dominera ditt liv handlar inte om att kontrollera allt, utan om att prioritera rätt, ställa kraftfulla frågor och ta ansvar för hur du agerar. När du gör detta skapar du ett liv som präglas av framgång, tillfredsställelse och riktning.

Manifestering och andlighet

"Du är skaparen av din egna verklighet."

Ditt liv formas av dina val och tankar. Genom att ta kontroll över din inställning och dina handlingar kan du aktivt skapa den framtid du drömmer om – istället för att låta omständigheter styra dig.

*"Ha modet att följa ditt hjärta
och din intuition."*

Ditt hjärta och din intuition är din inre kompass. Genom
att lyssna på dem istället för yttre förväntningar, vågar du
gå din egen väg och skapa ett liv som är sant mot dig
själv. Det är därför det inre jobbet mellan din hjärna och
ditt anteckningsblock är så viktigt. Så se till att ta mycket
anteckningar och skriv även ned dina egna reflektioner
genom hela boken.

Manifestering kan låta flummigt för vissa, men i själva
verket handlar det om en grundläggande princip vilket är
att **det du fokuserar på, växer.**
Manifestering är ingen magisk formel, utan en förståelse
för att dina tankar, känslor och handlingar skapar en inre
känsla hos dig och därmed skickar ut en signal eller
utstrålning till livet omkring dig.
Det du sänder ut eller utstrålar tenderar att komma
tillbaka till dig.

Kraften i intentioner
Har du någonsin märkt att när du bestämmer dig för
något *på riktigt*, börjar allt plötsligt falla på plats?
Det är ingen slump, för när du är tydlig med vad du vill
och **varför** det är viktigt, börjar du agera i linje med det,
och din omvärld tenderar att svara (vilket är ett annat
sätt att säga att saker "faller på plats").

Sätt en intention:
Vad vill du manifestera?

Vad vill du skapa för ny bild i ditt huvud om din framtid? Är det en bättre ekonomi, en ny karriär, meningsfulla relationer eller bättre hälsa?
För att kunna attrahera det du vill ha, måste du som nämnt först bli klar över *varför* du vill ha det.

Attraktionslagen: Bli det du vill ha

> "Du attraherar inte det du vill ha
> – du attraherar det du är."

Många tror att de kan sitta och önska sig framgång, men verklig manifestation sker först när du börjar leva som personen som redan har det du strävar efter.

Vill du ha mer pengar? Börja hantera din ekonomi som en framgångsrik person skulle göra.
Vill du ha bättre hälsa? Börja göra val som någon med god hälsa gör.

Givetvis kräver detta att du först utbildar dig själv inom de områden där du vill uppnå något i ditt liv. Precis som du just nu höjer nivån på din kunskap, som du sedan kan använda för att förverkliga det du visualiserar för din framtid.
Det handlar inte om att låtsas vara något du inte är, utan att växa in i den versionen av dig själv som naturligt attraherar det du önskar.

Spegelprincipen

Livet fungerar som en spegel. Du kan inte torka bort en fläck på din egen kind genom att putsa spegeln – du måste förändra dig själv först, för att se en yttre förändring i spegeln (det vill säga livet).

Vill du ha mer kärlek i ditt liv? Börja med att ge mer kärlek.
Vill du ha mer vänlighet i dina relationer? Bli den person som visar omtanke först.
Vill du ha mer framgång? Agera redan nu som om du är på väg dit.

När du förändrar din inre värld börjar den yttre världen spegla tillbaka det till dig som du förtjänar.

Släpp kontrollen och lita på processen

Ett av de största misstagen i manifestering är att fastna i tanken om **hur** allt ska ske. Vi vill gärna ha garantier, vi vill veta exakta steg och vi vill se snabba resultat. Men manifestation fungerar inte genom tvång – det handlar om att sätta en intention, börja agera och sedan ha tillit till processen.

Om du skapar en stark vision men sedan blir besatt av **hur** det ska gå till, kan du omedvetet skapa stress och blockera flödet.
Istället:

1. Sätt en tydlig intention.

2. Börja sedan agera som om du redan är där i din framtida vision.
3. Släpp kontrollen och låt universum överraska dig.

Livet har en förmåga att ordna saker på sätt vi inte kunnat förutse. Genom att hålla ditt fokus och ta rätt steg framåt, men samtidigt vara öppen för oväntade lösningar, ger du utrymme för att mirakel ska kunna ske. Vi kommer längre fram i utbildningen gå igenom hur du bryter ner dina mål till dagliga steg som skapar det momentum du behöver på din manifesteringsresa.

Manifestering handlar inte om att önska sig saker och hoppas på det bästa. Det handlar om att skapa tydliga intentioner, ta inspirerade handlingar och låta livet samarbeta med dig. Ju mer du lever i linje med det du vill ha, desto mer kommer det till dig.
Så vad väntar du på? Börja skapa din verklighet – idag.

Självbild

Hur du stärker din självbild från tvivel till självsäkerhet

"Din självbild sätter ramen för vad du anser vara möjligt."

När du förändrar hur du ser på dig själv, förändrar du också vad du anser vara möjligt för dig i livet. En stark och positiv självbild är inte en slump – den skapas genom medvetna val, kontinuerlig träning på att bli lite bättre för var dag och en vilja att se bortom gamla begränsningar, gammal programmering och gammalt tankesätt.

Vad är självbild och varför är den viktig?

Din självbild är din inre spegelbild av vem du tror att du är och vad du just nu tror att du är kapabel till.

Den påverkar allt – från hur du talar till andra, hur du bemöter utmaningar till hur du tänker kring dig själv, dina mål och drömmar.

Om du ser dig själv som "den som aldrig lyckas" kommer du agera utifrån den tron, och därmed ofta bekräfta just den negativa bilden.

Men när du väljer att se dig själv som en person som kan växa, lära och övervinna hinder, skapas en positiv spiral där du beter dig som någon som kan och vill.

Vanliga fallgropar i självbilden

Inre kritikern som styr

Har du en ständig inre röst som påminner dig om alla misstag eller brister? Den rösten, omedvetet eller inte, kapar ditt självförtroende.

Kom ihåg: Det är du som bestämmer volymen på den inre kritikern i ditt huvud, så du behöver öva på att identifiera och tysta den.

Orealistiska jämförelser

När du jämför din "bakom kulisserna"-verklighet med andras "highlight reel" på sociala medier, bygger du lätt en snedvriden bild av ditt eget värde.

Bristande självkännedom
Ibland känner vi inte ens till våra egna styrkor och intressen på djupet. Om du inte vet vad du är bra på, är det svårt att bygga vidare på det som får dig att glänsa.

Självsabotage och ursäkter
En svag självbild leder ofta till prokrastinering och undvikande av utmaningar, just för att vi tror att vi inte kan lyckas ändå. Det skapar en negativ cirkel som bekräftar de falska, begränsande tankarna om oss själva.

Så bygger du upp en stark självbild

Kartlägg dina styrkor och värderingar

"När du förenar dina styrkor med dina värderingar får varje steg du tar en orubblig grund att stå på."

Gör en ärlig inventering av dina förmågor: Skriv ner allt från din förmåga att lyssna, din passion för att hjälpa andra, din talang för att lösa problem, till dina unika personliga egenskaper.
Du behöver också definiera dina värderingar:
Vad är viktigast för dig i livet? Är det frihet, familj, äventyr, kreativitet, hälsa eller något annat?
När du agerar i linje med dina värderingar, dina standarder och dina mål blir din känsla av inre stabilitet starkare. Vi kommer tillbaka till standarder och mål

senare i boken, så häng med på resonemanget nu till en början.

Träna din inre dialog

"Det du upprepar för dig själv blir din sanning."

Bli medveten om dina tankar: Nästa gång du tänker "Jag duger inte" eller "Jag kommer att misslyckas", stanna upp och skriv ner tanken.

Byt ut negativa ord mot stärkande ord: Gör medvetna val av ord som lyfter dig. I stället för "Jag kan inte" kan du säga "Jag lär mig fortfarande" eller "Jag tar ett steg i taget", "Jag är kapabel att klara det här."

Tala till dig själv som din bästa vän: Hur skulle du peppa en god vän som tvivlar på sig själv? Använd samma omtänksamma röst gentemot dig själv. Du behöver vara din största och bästa supporter.

Små segrar skapar stort momentum

"Varje liten framgång är ett bevis på din förmåga och lägger grunden för en ännu starkare självbild."

Sätt upp mikromål: Börja med enkla, genomförbara mål som du kan bocka av inom en kort tidsram (kanske redan idag). Det kan vara att ta en promenad, läsa tio minuter ur en inspirerande bok eller skicka ett mejl du skjutit upp.

Fira dina framsteg: Oavsett hur litet steget är – uppmärksamma det. Ge dig själv en klapp på axeln, ett "bra jobbat" i spegeln eller skriv en anteckning i din bok om vad du lyckats med. Det stärker känslan av att du kan mer än du tror.

Omge dig med människor och miljöer som lyfter

"Din omgivning formar dig - välj den med omsorg."

Identifiera stödjande personer: Är det någon i din närhet som inspirerar dig, är uppmuntrande och får dig att se din potential? Spendera mer tid med den personen. Begränsa "energitjuvar": Har du relationer där du ständigt känner dig nedtryckt eller kritiserad? Fundera över hur ofta du vill utsätta dig för den energin. Skapa en stärkande miljö: Rensa din digitala värld (sociala medier, nyhetsflöden, forum) från innehåll som sprider negativitet eller får dig att ifrågasätta ditt eget värde. Lägg istället till info som hjälper dig uppgradera dig själv, som podcasts, böcker och konton som motiverar och ger dig konstruktiva perspektiv.

Experimentera, våga misslyckas och lär dig

"Vi växer mest där vi vågar ta risk."

Välj en utmaning: Det kan vara något litet men nytt, som att anmäla dig till en kurs, testa en ny träningsform eller hålla en kort presentation på jobbet. Hela den här boken är en rätt stor utmaning och resa, så du är på rätt spår redan.
Omfamna rädslan för misslyckande:
Varje gång du försöker, lär du dig något om dig själv. Skiftet sker när du förstår att ett misslyckande inte

definierar dig – det lär dig.

Fortsätt våga: Självbilden blir starkare genom att du faktiskt gör det du en gång inte trodde du kunde.

Visualisera den bästa versionen av dig

"Visualisera för att materialisera."

Se framför dig hur du vill vara: Sätt dig ostört, blunda och föreställ dig hur du agerar, känner och pratar när du är ditt mest självsäkra jag.

Känn känslan när du visualiserar: Försök att verkligen "känna in" stoltheten, lugnet och glädjen i kroppen. Ju mer du upplever detta inre tillstånd, desto enklare blir det att agera utifrån det i din vardag.

Affirmera i nutid: Använd gärna meningar som "Jag är trygg i mig själv" eller "Jag är en person som hittar lösningar" och säg dem högt för dig själv. Då tränar du sinnet att sätta en ny standard för hur du ser på dig själv, och det är superviktigt nu när du startat en resa som ska ta dig till nästa nivå. Du kommer aldrig kunna komma någon vart om du inte först tror på dig själv.

Reboot av din självbild

Självkartan:

Ta fram din anteckningsbok och rita en cirkel, i mitten av cirkeln skriver du "Jag".

Runt cirkeln skriver du upp dina egenskaper, talanger

och positiva kvaliteter. Var generös mot dig själv! Skriv också ner områden där du vill utvecklas, men formulera dem som "Jag vill bli ännu bättre på..." istället för "Jag är dålig på...".

"Jag är..." – Affirmationer:
Skriv ner minst fem positiva påståenden om dig själv som börjar med "Jag är...". Exempel: "Jag är målinriktad och vågar utmana mig själv."
Läs dina affirmationer varje morgon och kväll i en vecka. Lägg märke till hur din inre dialog och självbild förändras. "Vi blir vad vi säger att vi är."

Fira varje steg:
Under en vecka, notera alla små och stora saker du lyckas med – från att du gjorde en god frukost till att du tränade fast du var trött.
I slutet av veckan, gå igenom listan och känn tacksamhet för den person du är och det du åstadkommit. Det här enkla men kraftfulla steget bygger upp en vana av att uppmärksamma och se det positiva i dig själv och vad du faktiskt gör som är bra.

En stark självbild är inte medfödd – den byggs och stärks medvetet över tid. När du väljer att se dina egna möjligheter istället för begränsningar, växer du till en person som skapar förändring både för dig själv och för andra. Att jobba med din självbild är en investering som ger avkastning i alla delar av livet: relationer, karriär, hälsa och känslan av meningsfullhet.

Använd spegelprincipen, som vi pratade om tidigare, för att skapa en ny självbild. Reflektera och utstråla en uppgraderad version av dig själv för att skapa ett nytt, uppgraderat liv.

"Du är inte dina tidigare misslyckanden – du är de lärdomar du väljer att ta med dig framåt."

Våga omfamna hela dig: dina styrkor, dina tillkortakommanden och din potential. När din självbild är grundad i självkännedom, självkärlek och kontinuerlig utveckling, blir du ostoppbar i resan mot dina mål.

Fortsätt nu att lägga lite tid på övningarna, reflektera och integrera dessa insikter i din vardag. Ju mer du övar och praktiserar i din verklighet, desto mer kommer du märka hur din nya, starkare självbild speglar sig i dina resultat och din livskvalitet.

Kort och gott skulle jag personligen vilja säga att det som fungerat bäst för mig när det kommer till att stärka min självbild är att göra det jag säger och bestämmer mig för att göra.

Motståndaren till självbilden är prokrastinering, det vill säga när vi skjuter upp saker eller glömmer bort sådant som vi lovat.

När vi nu skapar rätt tankesätt, klarhet, mål, en exekveringsplan och sedan börjar **göra**, kommer du märka att din självbild börjar förändras. Du kan komma en bra bit genom att förändra ditt tankemönster redan nu med det du just lärt dig, men den stora katalysatorn brukar komma när du börjar exekvera på den helhetsplan som vi skapar i Framgångscirkeln.

Dags att ta nästa steg

"Du kan inte ljuga för dig själv och förvänta dig framgång."

Var ärlig med dig själv. Var nyfiken. Ge aldrig upp. Du är starkare, mer kreativ och mer kapabel än du kanske tror just nu.

Jag hoppas att du redan idag lättare kan identifiera dina egna tankemönster och ta ett litet steg mot ett medvetet val – ett val som för dig närmare dina mål.
Ett bra tips är att observera dina egna tankar, identifiera mönster och aktivt förändra negativa tankar till positiva. Det här är grunden i självrannsakan, självkontroll och det första steget i din personliga utveckling.
Tveka aldrig att bli din egen bästa vän och största supporter. Heja på dig själv istället för på andra.

"Du attraherar inte det du vill ha – du attraherar det och den du tror att du är."

Din yttre verklighet speglar ditt inre tillstånd. Genom att utveckla ditt mindset, stärka din självkänsla och leva i linje med dina värderingar och mål attraherar du naturligt det liv och de möjligheter som matchar din energi och identitet.

Så för att göra förändringar i ditt liv behöver du först genom Manifesteringstekniken förändra dig själv inifrån ut till den fysiska världen.
Resultatet blir att du börjar skapa rätt utstrålning, som genom spegelprincipen attraherar det du vill ha.

Det du tar med dig från den här delen av boken är inte bara en samling idéer – det är ett nytt sätt att tänka, agera och leva. Det är en resa mot att bli den person du vill vara, och varje steg du tar formar din framtid. Att göra en personlig resa framåt innebär att du kommer behöva tänka och agera annorlunda än tidigare, så våga släppa taget om ditt gamla jag till förmån för att nu våga testa att tänka om, tänka nytt och våga agera.

Detta är ingen snabb fix – det är en livslång resa
Förvänta dig inte att förändring sker över en natt. Små dagliga justeringar i ditt tankesätt skapar på sikt de stora förändringarna i ditt liv. Ta de verktyg du har fått och omsätt dem i verklighet genom handling.

Reflektera dagligen över dina tankar och beteenden.

- Ta några minuter på morgonen och fokusera på sådant du är tacksam över.
- Våga agera trots att det är lite obekvämt och trots att du inte riktigt kan se vad det ska leda till.

*"Du måste våga gå framåt även fast det är
dimma på stigen."*

Och viktigast av allt: Var snäll mot dig själv på vägen
och fira dina små dagliga vinster genom att berömma
dig själv och klappa dig själv på axeln.

Det här har du lärt dig

Du har nu fått en förståelse för hur ditt tankesätt, din
inställning och din självbild direkt påverkar vilka resultat
du skapar i livet. När du lär dig att styra dina tankar och
utmana begränsande övertygelser, öppnas dörren till
nya möjligheter.

Tankens kraft
Ditt fokus styr vad du ser och gör. Genom att rikta
blicken mot lösningar och utveckling istället för hinder
och problem, skapar du ett positivt momentum.

Flexibelt tankesätt
Se motgångar som en del av lärandet. Att tänka "Jag
kan om jag övar" istället för "Jag är dålig på det här" gör
hela skillnaden i hur du utvecklas och agerar.

Självbild och självdialog
Hur du ser på dig själv sätter ramarna för vad du anser
vara möjligt. Det du säger till dig själv varje dag – dina
inre "jag kan" eller "jag kan inte" – skapar din verklighet.

Energihantering och gränser

Att ta hand om dig själv, välja bort distraktioner och säga nej till det som dränerar dig, är nyckeln till att behålla din kraft och motivation.

Handling trots rädsla

Självförtroende byggs av att du gör det du bestämt dig för, även när du inte känner dig helt redo. Varje litet steg stärker din tro på dig själv och leder till större vinster framöver.

Manifestering och ansvar

Du skapar din egen verklighet genom dina tankar och handlingar. Var tydlig med vad du vill, agera i linje med det – och låt inga begränsande tankemönster hålla dig tillbaka.

Kort sagt: Genom att uppgradera ditt tankesätt och din självbild, sätta gränser för din energi och våga ta små steg framåt, lägger du grunden för den transformation du vill uppnå.
Nu fortsätter resan med att konkretisera dina mål och förverkliga din vision!

Nästa steg

Nu är det dags att omsätta dina insikter i handling. Reflektera över vilka förändringar du vill göra i ditt tankesätt, din inställning och din självbild. Vad kan du börja med redan idag?

I nästa kapitel tar vi det ett steg vidare och börjar skapa tydlighet kring dina mål. Det är dags att forma din vision och konkretisera din väg framåt.

NU KÖR VI!

KLARHET

VISION

MÅL

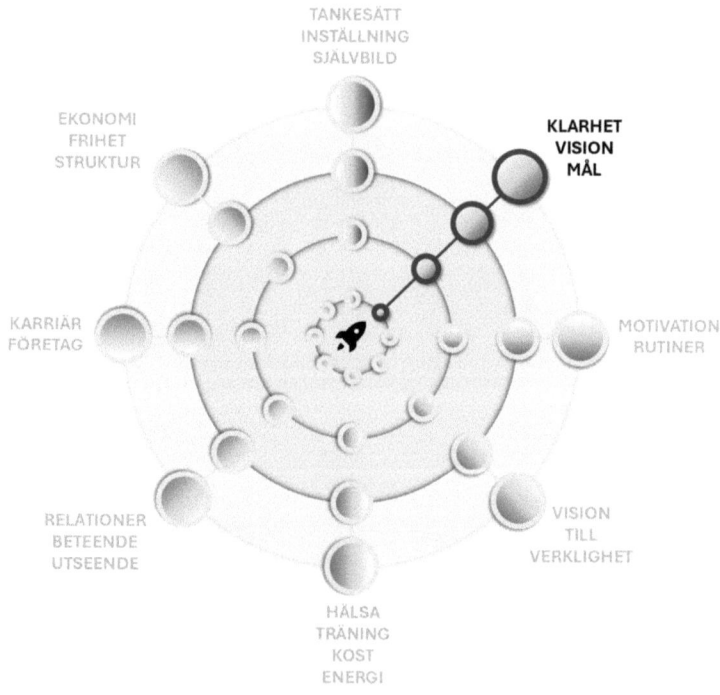

Skapa klarhet, bygga visioner, nå mål –
nyckeln till din framtid

Har du någonsin känt att du står still, fast i samma
mönster, utan en tydlig riktning? Kanske vet du att du vill
mer, men vägen dit känns dimmig och oskarp?
Det är här din resa börjar.

Att leva ett framgångsrikt och meningsfullt liv handlar
inte om tur eller slump – det handlar om att skapa
klarhet, bygga en vision och sätta mål som driver dig
framåt. De som når sina drömmar har en sak
gemensamt: De vet exakt vart de är på väg och varför.

I det här kapitlet kommer du att lära dig hur du skapar
en tydlig vision för ditt liv, sätter kraftfulla mål och bryter
ner dem till konkreta handlingar. Du får insikter,
strategier och verktyg för att ta kontroll över din framtid,
utmana din komfortzon och bli en mästare på
självledarskap.

Detta är din möjlighet att sluta drömma och börja agera.
Låt oss ta det första steget – tillsammans.

"Människor överskattar vad de kan göra på
ett år och underskattar vad de kan göra på
tio år."

Spela det långa spelet

Framgång handlar sällan om snabba resultat utan om kontinuerlig tillväxt. De som har tålamod och arbetar konsekvent över tid skapar genombrott som få kan föreställa sig på kort sikt. Du kommer att märka att olika delar av din personliga utveckling ofta överlappar varandra, särskilt när det gäller tankesätt och mentala strategier.

Men nu är det dags att hugga in och prata om hur vi skapar klarhet, vision och sätter våra mål. Detta är din möjlighet att sluta drömma och börja agera. Låt oss ta första steget – tillsammans.

Långsiktigt tänkande: att se hela resan
De flesta av oss vill ha snabba resultat, men sann framgång tar oftast längre tid än vi tror. Därför är långsiktigt tänkande en nyckelfaktor. Att våga se bortom det närmsta året – kanske fem eller tio år framåt – ger dig en tydlig riktning och skapar uthållighet i stället för kortsiktiga lösningar.

Exempel: Om du bestämmer dig för att starta ett företag, fråga dig själv:
"Är jag beredd att satsa på detta i fem eller tio år?"
Om svaret är ja, gå då in helhjärtat.

Byta riktning
Våga också justera dig längs vägen om du märker att ett annat spår känns bättre. Det är inte ett misslyckande att

byta riktning – du tar med dig dina tidigare erfarenheter och använder dem för att lyckas i nästa steg.

Personlig reflektion

Jag har själv startat flera projekt som jag lagt ner efter några veckor eller månader. Varje "sprint" har lärt mig enormt mycket, och kunskapen har jag i många fall använt för att lyckas i nästkommande projekt.

> *"Det är bättre att våga gå in i något nytt och lära oss massor, än att inte våga ta steget av rädsla för att misslyckas."*

3 tips för långsiktigt tänkande:

1. **Fem- eller tioårsplan**
   Bryt ner dina större mål i mindre steg – år, månad, vecka och dag. Har du svårt för detta? Ta reda på vad som krävs för att nå dina mål och skapa en plan för att varje vecka ta några steg framåt. På så sätt känner du konkret framsteg kontinuerligt.
   (Tips: Använd gärna Chat GPT för att få hjälp att bana vägen mot dina mål. Beskriv ditt mål för Chat GPT och be om en konkret plan för att nå ditt mål)

2. **Var inte rädd för att ändra riktning**
   Ta med dig lärdomarna och fortsätt framåt.

3. **Följ upp regelbundet**
   Justera planen i takt med att du lär dig nya saker.

Komfortzonen: en bromskloss för utveckling

"Komfort är utvecklingens fiende."

Tillväxt sker utanför det bekväma. Om du stannar där det känns tryggt, stannar också din utveckling. För att nå nästa nivå måste du utmana dig själv och kliva ut i det okända.

*"Din komfortzon är där
dina drömmar går för att dö."*

De största möjligheterna ligger oftast bortom trygghetens gräns. Många fastnar i bekvämlighet av rädsla för det okända, men för att växa behöver vi regelbundet utsätta oss för utmaningar.

Exempel: Testa en ny träningsform, ta ett nytt ansvarsområde på jobbet eller ta kontakt med en person du ser upp till. Varje gång du gör något nytt stärker du dina "mentala muskler".

"Bli bekväm med att vara obekväm."

Ju mer du vänjer dig vid att hantera utmaningar, desto starkare och mer motståndskraftig blir du. Det du en gång fruktade blir med tiden din nya standard.

Så tränar du på att lämna komfortzonen

1. **Identifiera en utmaning:** Välj något du känner motstånd mot.
2. **Gör det litet:** Ta ett första steg – hur pyttelitet det än är – redan den här veckan.
3. **Fira framsteg:** Var stolt över dig själv när du vågar kliva utanför det trygga.

Ansvar och självledarskap

"Ingen kommer att rädda dig;
du måste rädda dig själv."

Din framgång ligger i dina egna händer. Ingen annan skapar ditt drömliv åt dig – det är upp till dig att ta ansvar, göra jobbet och bygga den framtid du vill ha. Väntar du på räddning förblir du fast, medan den som agerar blir fri.

Att ta ansvar innebär att du slutar skylla på yttre omständigheter och i stället erkänner att dina handlingar (och icke-handlingar) formar ditt liv.

Släpp offerkoftan
Om du fastnar i tanken "Varför händer detta mig?" kommer du inte vidare. Byt i stället frågeställning till "Vad kan jag göra åt situationen?" – då byter du också mindset.

"Du är Kaptenen i ditt liv –
endast Kaptenen kan styra."

Ingen annan kan navigera dina val åt dig. Det är dina beslut, handlingar och din inställning som avgör riktningen. När du fullt ut accepterar ditt eget ansvar, öppnas en dörr till obegränsade möjligheter.

Självledarskap i vardagen

- **Identifiera dina värderingar och standarder:** Vad är viktigast för dig?
- **Ta ett steg i linje med dina värderingar varje dag:**
  - Värderar du disciplin? Börja dagen med den svåraste uppgiften.
  - Värderar du omtanke? Visa det aktivt i en relation eller på jobbet.

Sätt din standard
– och lev efter den

Många lever utan tydliga standarder för hur de vill forma sina liv. De flyter med strömmen, reagerar på omständigheter och låter yttre faktorer styra deras hälsa, framgång och lycka. Men om du inte själv sätter din standard, kommer någon annan att göra det åt dig.

Att sätta en standard innebär tydliga riktlinjer för vad du accepterar och inte accepterar. Det handlar om hur du vill leva, vilken nivå du förväntar dig av dig själv och vilka vanor du bygger ditt liv kring.

Vad innebär det att ha en hög standard?

Hälsa
Bestäm dig för att ta hand om din kropp genom kost, träning och sömn – oavsett om du känner för det eller inte. Du kan till exempel ha en regel om vad du inte äter, när du lägger dig och hur ofta du tränar.

Arbete och prestation
Sätt en lägstanivå för hur du hanterar uppgifter och din disciplin – tillåt inte medelmåttighet.

Relationer
Välj att omge dig med människor som lyfter dig och inte dränerar dig.

Mental styrka
Träna ditt sinne för att tänka lösningsorienterat och hantera motgångar med styrka, i stället för att backa för dem.

Dina standarder skapar ditt liv. När de är klara, behöver du inte fundera över varje beslut – du följer helt enkelt den riktning du redan har satt upp. Skillnaden mellan dem som lyckas och dem som fastnar i mediokritet är ofta just vilken nivå de kräver av sig själva.

Fråga dig själv:

- Vad accepterar jag inte längre i mitt liv?
- Vilka vanor och rutiner kommer jag att hålla fast vid, oavsett omständigheter?
- Hur ser min högsta standard ut inom hälsa, arbete, relationer och mindset?

När livet utmanar dig är det dina standarder som håller dig på rätt kurs. Det är dags att sluta anpassa dig till en nivå under din potential och i stället leva utifrån det bästa inom dig. Placera dig själv på en piedestal och se till ditt eget bästa.

Övning:

- Ta fram din anteckningsbok och börja formulera standarder för ditt liv.
- Börja med sådant du inte längre vill acceptera eller sånt du vill undvika.
- Lägg till några goda vanor du vill stärka (även om du inte hunnit implementera dem ännu).

Se dessa standarder som ett "levande dokument" som du justerar allt eftersom du lär dig mer.

Livslångt lärande
och ett flexibelt tankesätt

"Var en student av livet — lär dig alltid mer."

Att ständigt lära sig nytt håller dig anpassningsbar, kreativ och ödmjuk. Världen förändras ständigt och genom fortsatt utveckling undviker du att fastna i gamla hjulspår.

Skillnaden mellan flexibelt och fixerat tankesätt

Fixerat: Allt är svart eller vitt. Har svårt att ta in nya perspektiv. Blir känslomässigt upprörd av motstånd.

Flexibelt: Öppen för att inte veta allt. Nyfiken. Undersöker nya idéer och dömer dem inte för snabbt.

"Misstag är inte misslyckanden –
de är lärmöjligheter."

Upptäcker du att du dömer något eller någon direkt? Ta ett mentalt steg tillbaka och fråga: "Finns det mer information?" Att vara öppen gör dig mer läraktig och minskar onödig stress.

Motivation och självbild.
Bli den bästa versionen av dig själv

"Bli den bästa versionen av dig själv,
inte en blek kopia av någon annan."

Din motivation och självbild hänger nära ihop. Ser du dig själv som kapabel och värdefull är det lättare att behålla motivationen även när det blåser motvind.

Släpp taget om ditt gamla jag.
Ibland måste vi ge upp gamla vanor, tankemönster eller relationer för att kunna växa. Det är inte alltid bekvämt, men ofta nödvändigt för att nå nästa nivå. Fundera över vilket område i livet du behöver "stänga dörren" till för att kunna öppna en ny.

"Ditt gamla jag måste dö."

Lev som du lär
Om du talar varmt om att följa sina drömmar, ta då själv ett steg i den riktningen. När du lever dina värderingar bygger du trovärdighet – både inför dig själv och andra.

Hitta ditt varför.
Drivkraften bakom allt du gör

"Människor köper inte vad du gör,
de köper varför du gör det."

När jag för många år sedan läste Simon Sineks bok *Start with Why* blev jag helt tagen. Det började med att jag såg hans TED talk om "The Golden Circle". Hans idé är så klockren att jag vill beskriva den utifrån mitt perspektiv.

En kompass för livet
Vad får dig att kliva ur sängen varje morgon?
Inte för att du måste, utan för att du vill?
Allt börjar med ditt "varför". Det är inte dina mål, rutiner eller prestationer – utan anledningen bakom dem.

Låt oss utforska hur du hittar ditt varför och varför det är den osynliga kompassen som kan styra dig genom både stormar och solsken.

Varför ditt Varför betyder allt
Simon Sinek menar att de mest framgångsrika människorna och företagen inte bara vet vad de gör eller hur de gör det – de vet varför de gör det. Ditt varför är ditt syfte, din övertygelse, din inre glöd.

Det är inte "Jag vill tjäna pengar" eller "Jag vill gå ner i vikt" – det är djupare än så.

Det är svaret på frågan: *Vad driver mig att göra det jag gör, även när det är tufft?*

Tänk dig att dina mål är destinationen och dina dagliga rutiner är kartan. Ditt varför är bränslet i tanken. Utan det tar du förr eller senare slut på energi. När du vet varför du gör något får varje steg en tydligare mening.

"Motivation kommer och går, men DITT VARFÖR består."

Hur du hittar ditt varför:
Att hitta sitt varför är ingen "snabbfix" – det är en resa inåt. Simon Sinek föreslår att man börjar med att reflektera över sina erfarenheter:

- **Vad har format dig?**
- **Vilka ögonblick i livet har känts mest meningsfulla?**
- **När kände du dig som mest levande, eller hjälpte du någon utan att tänka på belöning?**

Prova att:

1. **Titta bakåt:** Skriv ner en stund när du kände dig stolt eller uppfylld. Vad gjorde du och varför var det meningsfullt?
2. **Fråga dig själv:** Vad brinner du för som går bortom dig själv? Att lösa problem, bygga relationer eller skapa något nytt?

3. **Testa att säga ditt varför högt:** Känns det rätt i magen?

Mitt eget varför är:
"Att väcka människors potential och hjälpa dem mot sina mål." Det driver allt jag gör.
Ditt varför behöver inte vara enormt eller världsomvälvande. Det kan vara "att sprida glädje" eller "att visa mina barn vad mod är". Men det måste kännas äkta.

"Varför" övertrumfar "vad"
När du har ditt varför blir "vad" och "hur" bara verktygen för att leva ut det. Simon jämför med Apple: De säljer inte bara datorer (vad), utan utmanar status quo och gör teknik mer mänsklig (varför).

Samma sak gäller dig: Det är inte träningen i sig eller jobbet du gör som definierar dig, utan anledningen till att du gör det. Saknar du ett tydligt varför kan du nå dina mål men ändå känna dig tom. Med ett varför blir varje handling del av något större.

Personlig reflektion:
När jag började skriva den här boken tänkte jag på mitt eget varför. Det gav mig klarhet – jag skriver inte enbart för att informera, utan för att väcka din nyfikenhet att hitta ditt "varför". Jag skriver även för mina barn.

Lev ditt varför varje dag
Att hitta ditt varför är bara början – sedan ska du leva det dagligen. Låt det styra dina beslut. Vill du stärka en

relation? Koppla det till ditt varför. Ska du ändra ett beteende? Utgå från ditt varför. Det blir din inre röst som viskar: "Det här är värt det."

"Folk dras till dem som vet varför de gör det de gör."

Uppgift:
Skriv ner ditt varför i en mening och testa att leva efter det i en vecka.
Ta ett beslut om dagen som styrs av ditt varför.
Observera vad som händer och hur du tänker!

Ditt varför är din styrka
Motivation kan vara flyktig, rutiner är verktyg – men ditt varför är din ryggrad. Det bär dig när allt annat vacklar.
Simon Sineks idé är enkel men livsförändrande:
När du hittar ditt varför hittar du meningen bakom allt du gör.
Sluta jaga yttre mål utan inre eld – gräv djupare, hitta din anledning och låt den bära dig framåt.

Inspiration och förebilder.
Modellera framgångsrika vanor

"Spegla dina förebilder."

Att ha förebilder kan göra att du lär dig snabbare.
Studera hur framgångsrika människor kommunicerar, löser problem eller leder andra.

Du kan låna strategier och vissa värderingar utan att kopiera hela deras personlighet.

Praktiskt tips: Skapa ett separat flöde på sociala medier där du enbart följer personer som motiverar dig. När du öppnar dina kanaler blir du "bombad" med tankeställare och nya idéer snarare än distraktioner.

Om du känner avund inför någon annans framgång, vänd på det:

> *"Vad gör den personen som jag kan lära mig av?"*

När du ser någon som i dina ögon verkar framgångsrik:
Bli inspirerad istället för avundsjuk.

Visualisering och mental träning

> *"Framgång börjar i sinnet.*
> *Genom att visualisera dina mål skapar du*
> *inre bilder som leder dig mot att förverkliga*
> *dem i det riktiga livet."*

Visualisering är ett kraftfullt verktyg som används av framgångsrika personer för att stärka fokus och självförtroende. Det går ut på att se framgången innan den faktiskt händer. Genom att skapa en tydlig mental bild av det du vill uppnå stärker du din motivation och tydliggör dina intentioner.

Föreställ dig hur du utför en uppgift perfekt i ditt sinne. Då skapar du en mental karta som gör det lättare att lyckas i verkligheten.

Korrekt visualisering

Låt inga negativa scenarion ta över i din mentala bild. Genom att föreställa dig det perfekta utförandet programmerar du din hjärna för framgång. När du i detalj visualiserar dig själv lyckas, ökar sannolikheten att du tar rätt beslut och agerar därefter.

Personlig reflektion

Visualisering var en av nycklarna när jag gick från junior till topp-tio i världen i snowboard.

Genom att "se" mig själv göra det perfekta åket i halfpipen, kunde jag i tanken öva hundratals gånger innan jag väl stod där på tävling. Även senare, i min yrkeskarriär som föreläsare i Sverige, Norge, Finland och Danmark, förberedde jag mig mentalt för att stå inför hundratals åhörare. När jag väl klev upp på scen hade jag redan "gjort det" i mitt huvud otaliga gånger.

Din kropp känner ingen skillnad på när du visualiserar något mycket detaljerat och när du gör det på riktigt. Därför är mental förberedelse helt avgörande.

Överfört till arbetslivet

Ska du hålla en presentation, förhandla eller gå på en anställningsintervju?

Ta några minuter varje dag, några dagar i förväg, och föreställ dig hur du står där lugn, stabil och förberedd. Gå igenom i huvudet vad du ska säga och hur du ska agera. Ju mer detaljer du kan se i din visualisering desto starkare effekt får övningen.

En inre bild som motiverar
Genom att föreställa dig själv lyckas skapar du en inre bild av framgång som motiverar dig att agera och skapar motivation.

Ta gärna ett par minuter varje morgon eller kväll för att visualisera hur du når ett mål eller förbereder dig inför en utmaning. Föreställ dig varje detalj – vad du ser, hör och känner när du lyckas. Detta kan vara en kommande intervju, ett viktigt möte, en idrottsprestation eller något annat som känns pirrigt.

> *"Du måste visualisera din framgång för att uppnå den."*

Din hjärna behöver en tydlig bild av vart du är på väg. Då ökar chansen att du tar besluten som leder dig mot dina mål.

Visionstavla
Du kan också använda visualisering externt genom att skapa en **visionstavla** med bilder, ord och symboler som representerar dina drömmar.
Placera den där du ser den varje dag – i sovrummet, på skrivbordet eller som bakgrundsbild i mobilen.
Jag har själv printat ut några av mina mål och ramat in

på kontoret.
Varje gång jag tittar på dem påminns jag om vart jag vill komma, vilket motiverar mig till handling.

Jag tittade nyligen på min visionstavla från nästan 10 år sedan. På den fanns ett boende i Spanien och en vit Maserati Granturismo. Båda är nu sedan några år tillbaka en del av min verklighet.

Att sätta mål

"Du tradar ditt liv mot dina prioriteringar."

Utan tydliga mål driver du bara runt. Ta dig tid att tänka på mål långt utanför din nuvarande bekvämlighetszon. Du behöver inte veta **hur** du ska nå dem än – dröm stort, så kommer vägen att visa sig med tiden.

Identifiera dig med stora mål
Du behöver kunna se dig själv i den framtid du drömmer om, även om den i dag känns overklig. Ser du någon annan ha nått ett mål du önskar uppnå, vet du att det är möjligt. Då är det bara en fråga om att hitta "receptet" för att ta dig dit.

När du visualiserar kan du skapa en verklighet där målet redan är uppfyllt. Då handlar det mest om att upptäcka vilka steg som krävs för att komma dit.
Här kan en coach vara hjälpsam – tid är en begränsad resurs, och genom att få hjälp att agera snabbt kan du

göra betydande framsteg. - Målcoaching och att skapa steg för steg planer för mina klienter hör till min vardag. Hör av dig om du vill ha en stöttepelare i detta som kan hjälpa din accelerera din resa framåt.

Förvandla dina mål till verklighet
När du sätter stora mål är det lätt att ifrågasätta om du är "värd" den framgång du längtar efter. Men ställ frågan åt andra hållet: "Är målet värt dig?"

Ofta tror vi felaktigt att vi inte är värda något för att vi ännu inte gjort jobbet som krävs. Om du inte ser vägen till målet direkt innebär det inte att du är oförmögen – det betyder bara att du saknar kunskap om hur vägen dit ser ut. Men vägen **finns**. Andra har redan tagit den.

"Våga tänka stort, större än vad du är bekväm med"

Om du tydligt ser en enkel väg till ditt mål är det ofta för litet satt. Våga sätta större mål. Lita på att vägen blir synlig i takt med att du växer, lär dig och blir bättre på att tänka utanför din nuvarande box.

För att ta till dig den kunskap du saknar behöver du tre saker:

1. **Byt perspektiv kring din egen värdighet:**
   Se dig själv som en person värd målet – även om du inte vet exakt hur du ska nå dit.
2. **Ta reda på det du inte vet:**
   Sök upp personer som nått liknande mål, lyssna på

podcasts, läs böcker, titta på Youtube.
Låt dig inspireras av deras väg.

3. **Ta hjälp av AI och coacher:**
Använd exempelvis Chat GPT för att ta reda på de steg du behöver för att nå ditt mål, skapa en plan och dela upp den veckovis och tom ner på vad du behöver göra varje dag för att komma framåt.
En coach kan sedan hjälpa dig att finjustera detaljerna och, viktigast av allt, hålla dig ansvarig för din exekvering och pusha dig framåt igenom det som först känns obekvämt.

BOOM!
Plötsligt har vi förvandlat din dröm till en mer eller mindre synlig väg.
Du kommer inte kunna förbereda dig för alla problem som uppstår, men därför har du tränat upp ett starkt mindset där du snabbt löser de problem som dyker upp..
Under resans gång är det också okej att justera eller till och med uppgradera dina mål.

Små dagliga vinster

När du har en grov plan kan du börja ta små dagliga steg som leder dig närmare ditt mål. Gör du det du planerat ska du vara stolt över dig själv.
Förvänta dig inte att andra klappar dig på axeln – du behöver göra det själv varje dag.

Dessa små vinster skapar stolthet, som skapar momentum, som skapar motivation.

Här blir det tydligt hur motivation fungerar:
Den uppstår när du redan är igång, inte innan.

Nu är det dags att testa i praktiken
Ta fram din anteckningsbok och skriv ner ett mål du funderat på.
Det kan vara vad som helst, men det ska gärna vara en utmaning:

1. **Skriv ner målet**
   Gör det gärna SMART (Specifikt, Mätbart, Applicerbart, Realistiskt och Tidsbestämt).
   Mer om denna metod nedan.
   Behöver du hjälp, be AI:n formulera detta åt dig.
2. **Fundera på vad du behöver göra:**
   Vilka steg tror du krävs för att nå målet?
3. **Använd AI**
   Bollplanka idéer, fråga om andra som lyckats med samma sak eller lär dig mer om området.
4. **Samla information**
   När du vet mer om ämnet eller stegen, låt AI:n skapa en tidsplan för dig – ner till dagsbasis.
5. **Exekvera!**
   Ta hjälp av en coach om du behöver som kan hålla dig ansvarig till din plan.

Det kan verka överväldigande, men glöm inte att ingenting riktigt värdefullt är enkelt.

Går du metodiskt till väga kommer du att känna en
växande motivation när du inser att vägen faktiskt finns.

OBS:
Gör det inte för komplicerat, starta bara så
kommer resten att lösa sig.

Från dröm till konkret handling:
sätt mål och planera

"Mål utan handling är bara drömmar."

Att sätta mål är i sig är inget nytt – det gör de flesta.
Skillnaden ligger i att **verkligen** göra något varje dag
som för en framåt.

SMART-metoden
SMART gör dina mål konkreta och uppnåbara.

Specifikt:
Vad exakt vill du uppnå?
(Ex: "Jag vill springa 5 km utan att stanna.")

Mätbart:
Hur vet du när du lyckats?
(Ex: "Jag vill öka vikterna med 10 % på gymmet.")

Applicerbart:
Är det genomförbart nu och vilka steg krävs?

Realistiskt:
Är målet rimligt i förhållande till ditt liv i stort?

Tidsbestämt:
När ska det vara klart?
(Ex: "Jag vill nå min målvikt om sex månader.")

Praktiskt exempel:
Om ditt långsiktiga mål är att starta ett eget företag, sätt
ett delmål, tex: "Inom tre månader ska jag ha registrerat
bolag och gjort en första marknadsundersökning." Bryt
sedan ner det i ännu mindre veckouppgifter.

Ta fram din anteckningsbok och sätt nu ett SMART mål
för något du vill uppnå.

"Ett mål utan en plan är bara en önskan."

En plan förvandlar mål till verklighet.
Utan en tydlig strategi och konkreta steg förblir målet en
dröm. Med en genomförbar plan ökar du dina chanser
att lyckas och når dina drömmar snabbare.

Gör en vecko- eller dagsplan
Lägg in dina uppgifter i kalendern eller i en digital
att-göra-lista. Följ upp varje dag och gör en större
utvärdering veckovis. Anpassa planen i takt med att du
lär dig mer. Det handlar inte om perfektion, utan om att
ha en karta och vara beredd att justera den.
I stället för att öppna Instagram nästa gång du tar upp
mobilen, öppna din checklista eller kalender och kolla

hur du ligger till mit vad du tidigare sagt till dig själv att du ska göra. Små nya vanor skapar nya resultat.

Ett personligt arbetssätt
Jag lägger in mina viktigaste To-Dos för veckan och dagen direkt i min kalender, så jag ser *när* jag ska göra *vad*.
Ofta kompletterar jag med en lista i min anteckningsbok, där jag sätter fokus på dagens topp 3-uppgifter.
Senare i boken kommer vi gå djupare in på hur man planerar sin tid och sina att-göra-listor.

Det här har du lärt dig

Du har nu verktygen för att skapa klarhet, forma en vision och sätta mål som verkligen driver dig framåt. Här är de viktigaste insikterna:

Långsiktigt tänkande
Verklig framgång kräver uthållighet och en vilja att se bortom kortsiktiga vinster. Sätt upp planer som sträcker sig flera år framåt och justera dem längs vägen.

Komfortzonen
Utveckling sker när du kliver utanför det trygga. Ju oftare du vågar ta ett steg bort från det bekväma, desto mer växer du mentalt.

Självledarskap
Du är kaptenen i ditt eget liv. Ta ansvar för dina beslut och sluta vänta på att någon annan ska lösa dina problem.

Sätta standarder
Bestäm vad du inte längre accepterar i ditt liv och vilka vanor du vill bygga vidare på. Dina standarder blir en kompass som hjälper dig att hålla rätt kurs.

Hitta ditt "varför"
Ett starkt inre syfte ger uthållighet och mening. Det är detta "varför" som driver dig när motivationen sviktar.

SMART-mål
Gör dina mål Specifika, Mätbara, Applicerbara, Realistiska och Tidsbestämda. Bryt sedan ner dem i mindre delmål och planera konkreta steg.

Visualisering
Träna på att se dig själv lyckas. En tydlig mental bild av framgång hjälper dig ta rätt beslut och agera målmedvetet.

Daglig exekvering
Små, konsekventa handlingar skapar momentum. Bocka av dina uppgifter, fira vinsterna och lär av misstagen.

Reflektion och justering
Följ upp dina resultat och var beredd att ändra riktning vid behov. Vägen är sällan spikrak, men med

regelbunden utvärdering håller du kursen.

Ta nu ett konkret steg. Skriv ner ett mål, planera dina första delsteg och börja agera. Din framtid formas av de handlingar du väljer att utföra – varje dag.

NU KÖR VI!

MOTIVATION

RUTINER

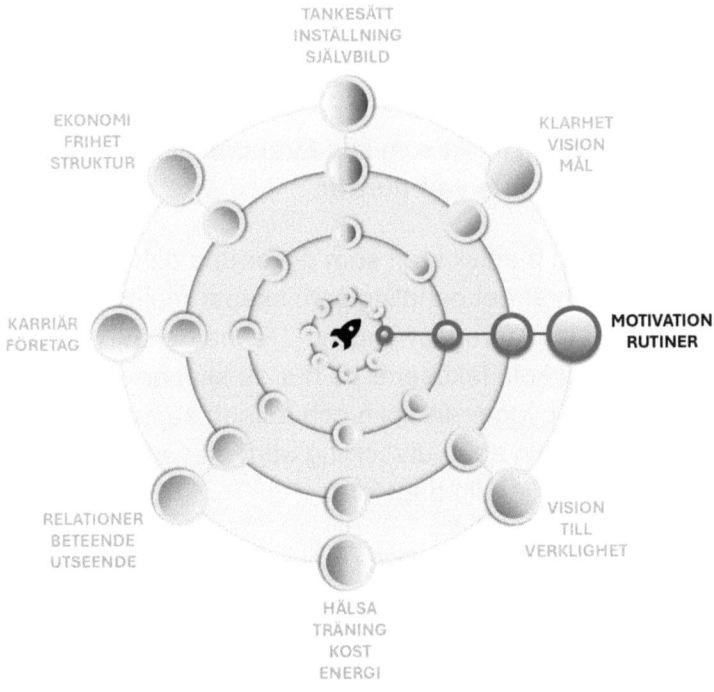

TANKESÄTT
INSTÄLLNING
SJÄLVBILD

KLARHET
VISION
MÅL

EKONOMI
FRIHET
STRUKTUR

KARRIÄR
FÖRETAG

MOTIVATION
RUTINER

RELATIONER
BETEENDE
UTSEENDE

VISION
TILL
VERKLIGHET

HÄLSA
TRÄNING
KOST
ENERGI

"Dina handlingar avslöjar dina prioriteringar."

Har du någonsin satt upp ett mål du brinner för, men märkt att den där första entusiasmen snabbt avtar? Motivationen flammar ofta upp likt en eld, för att sedan falna och lämna dig stillastående. Eller kanske har du upplevt dagar där du vet exakt vad du borde göra, men ändå inte gör det? Du är inte ensam – vi har alla varit där.

Här kommer en insikt som kan förändra allt:
Motivation är inte vad du tror.

Den är ingen magisk kraft som dyker upp och räddar dig. Tvärtom är det handling som skapar motivation, inte motivation som föregår handling. Denna del av framgångscirkeln fokuserar på hur du skapar momentum, bygger disciplin och rutiner, samt tar kontroll över din egen utveckling utan att vara slav under dina känslor eller din dagsform.

Du kommer få lära dig varför just rutiner och disciplin är dina verkliga drivkrafter, och hur du genom konkreta verktyg kan utveckla en uthållig mentalitet. Oavsett om du vill nå ett litet eller stort mål, är det här grunden som kommer hjälpa dig hantera prokrastinering, skapa hållbara vanor och hantera både framgångar och motgångar.

Är du redo att släppa illusionen om att "känna för det"
och istället skapa den kraft som driver dig framåt?
Då börjar vi din transformationsresa redan nu.

Motivation är en stor FET bluff

"Handling skapar drivkraft"

Sluta vänta på rätt känsla

*"Jag börjar imorgon när
jag känner mig motiverad."*

Känner du igen dig?
Vi väntar ofta på den där perfekta vågen av inspiration.
Men sanningen är att motivation inte är en magisk kraft
som plötsligt faller ner från himlen – den byggs genom
att du planerar och agerar. I det här kapitlet ska vi riva
ner myten och visa varför handling, inte känsla, är
nyckeln till framsteg.

Varför motivation inte är vad du tror

Många ser motivation som bränslet som driver oss
framåt – men i verkligheten är den snarare en effekt av
att du börjar göra något. Forskning inom
beteendevetenskap visar att motivation ofta kickar in
efter att du tagit de första stegen. Då belönas hjärnan
med dopamin, vilket höjer motivationen. Med andra ord
är det din rutin, din handling och dina standarder som
föder känslan av motivation, inte tvärtom.

Tänk på hur du borstar tänderna: du känner dig inte alltid sugen, men du gör det ändå. Och efteråt är du nöjd. Samma princip gäller allt annat du vill eller behöver göra.

Förväntar du dig att vara motiverad *innan* du ens startat, är du dömd att vänta förgäves.

Myten som håller oss tillbaka

Att tro att motivation är en förutsättning för att agera skapar en fälla. Du skjuter upp det du borde göra, eftersom du "inte känner för det". Livet väntar dock inte på att du ska bli peppad. Ju längre du väntar, desto tyngre blir steget att komma igång. Det blir en ond cirkel, där passivitet dödar drivkraft istället för att bygga den.

De som faktiskt når sina mål är inte ständigt motiverade – de är *konsekventa*. De tränar, pluggar eller jobbar även när de är trötta, när det regnar eller när soffan lockar. Motivation är i bästa fall en bonus som ibland dyker upp. Låt den aldrig diktera vad du ska göra.

Handling är den verkliga gnistan

Hur får du saker att hända? Svaret är enkelt: börja smått. Ta på dig träningsskorna och ge dig ut även om du inte vill. Skriv en mening när du egentligen borde skriva en hel sida. När du väl är igång triggar hjärnan dopamin, och du känner dig motiverad att fortsätta. Det här kallas "action bias": rörelse skapar momentum, och momentum blir din motor.

Nästa gång du inte känner dig motiverad – ge dig själv fem minuter. Börja med något litet i fem minuter. Chansen är stor att du fortsätter.

Bygg din egen motivation
Sluta jaga motivation som om det vore en sällsynt enhörning. Du skapar den själv genom att ta det där första steget. Oavsett om du vill stärka en relation, ändra ett beteende eller förbättra ditt utseende är det handlingen som driver dig framåt. Ta ett pyttelitet steg redan idag – du kommer snabbt märka hur motivationen vaknar till liv eftersom du faktiskt *är igång*.

De flesta tror att motivation kommer innan handling, men nu vet du att det är tvärtom. Planera, starta och *känn inte efter* så mycket. Ett starkt momentum leder till motivation när du märker att du faktiskt rör dig framåt och får resultat.

Handlingar talar högre än ord

"Framgång handlar om handling, inte perfektion."

Varför är handling så avgörande? Därför att oavsett hur fina planer du har, sker ingen förändring förrän du agerar. Om du till exempel vill förbättra din hälsa men ständigt skjuter upp träningen, visar dina handlingar att du i praktiken prioriterar något annat.

Volym neutraliserar tur

"Volym och kontinuitet neutraliserar tur."

Föreställ dig en säljare som ringer två samtal om dagen, jämfört med en som ringer tjugo. Den senare ökar dramatiskt chanserna att göra en affär, och samma princip gäller dig i allt du tar dig för. Ju fler försök du gör, desto större sannolikhet att du lyckas. Men du måste vara modig nog att våga misslyckas.

Misslyckanden är inte ett nederlag – de är steg på vägen att upptäcka vad som faktiskt fungerar. Vill du starta eget företag men är osäker? Prova små affärsidéer, prata med fler potentiella kunder och våga testa. Varje försök ger dig insikter som förfinar din metod.

Jag tror inte på tur. Jag tror på att upprepa försök och "misslyckas" så många gånger att du blir skicklig och väl positionerad för att lyckas – och då kan det se ut som tur för andra. I själva verket är det ett resultat av att du tagit en rad små, rätt riktade steg.

Skapa och behålla momentum

"Framgång älskar snabbhet och handling."

Att ta första steget är en milstolpe. Men hur behåller du farten?

Starta snabbt

Många väntar på "rätt ögonblick", men resultat kommer oftare till den som vågar starta även när det inte känns perfekt. När du väl är i rörelse är det lättare att fortsätta.

Exempel:
I stället för att älta vilken kamera du ska köpa för att börja filma, börja filma med mobilen. Du förbättrar dig längs vägen.

Utförande slår idé

"Du behöver ingen ny idé; du behöver bättre genomförande."

Det spelar ingen roll hur fantastisk din idé är om du aldrig förverkligar den. Stora företag är ofta inte först med en uppfinning, men de *genomför* den befintliga idén bättre än konkurrenterna. Du kan göra likadant: kopiera någon som gått en liknande väg och gör den ännu bättre.

Påminn dig själv dagligen om den vision du har av ditt framtida jag. Denna vision blir drivkraften som håller ditt momentum uppe. Varje gång du känner dig omotiverad, påminn dig först om vad du vill uppnå innan du försöker peppa upp dig med musik, rörelse eller andra metoder.

"Detta är att vara strategisk, jämfört med alla 'förlorare' som bara tragglar sig fram på magkänsla."

Disciplin - Nyckeln till frihet

"Disciplin är lika med frihet."

Många uppfattar disciplin som något begränsande. I själva verket gör disciplinen att du slipper fatta samma beslut om och om igen. När du vet vad du ska göra och faktiskt gör det, frigör du både tid och mental energi.

Disciplin i praktiken
En fast morgonrutin kan innebära att du i tur och ordning fixar till dig, planerar din dag och tar en kort promenad – *innan* du scrollar sociala medier. Då bockar du av flera viktiga moment utan att ens behöva tänka efter, och får en mer strukturerad start på dagen. Du designar dina egna rutiner, men när du väl skrivit ner dem följer du planen.

Små dagliga steg

*"Framgång är inget annat än några enkla
discipliner som upprepas varje dag."*

Det handlar inte om enstaka stora insatser, utan om att
du dag för dag tar de små, men konsekventa stegen. Tio
minuter här och femton minuter där kan över ett år bli en
enorm förändring.

Motgångar som drivkraft

*"Motgångar har inte kommit för att stanna,
de har kommit för att passera."*

Motgångar gör ont i stunden men behöver inte definiera
dig. Tvärtom kan de ge värdefull feedback.
Misslyckas du till exempel med en tentamen innebär det
att du hittat en kunskapslucka. Använd informationen för
att justera din studieplan och bli starkare till nästa gång.
Precis som när jag nämner hur jag justerade min
kaloriförbränning, går det att finjustera allt du gör när du
får reda på vad som inte fungerar och har en plan för
hur du ska göra.

*"Du kan inte vinna om du inte är villig att
förlora."*

Våga satsa för att kunna vinna. Utan risk finns ingen belöning.

Självutveckling och reflektion. Nyckeln till långsiktig framgång

"Hur du gör något är hur du gör allt."

Din inställning och arbetsinsats i det lilla speglar hur du hanterar livet i stort. Genom att höja standarden för *hur* du gör saker, höjer du samtidigt standarden för *allt* du gör – och lägger grunden för att nå dina högsta mål.

Ta några minuter varje kväll och ställ dig själv frågor som:

- Vad gick bra idag?
- Vad kan jag förbättra?
- Vad lärde jag mig?

Genom att reflektera på detta sätt kalibrerar du ständigt dina vanor och beteenden.

Programmera om dina vanor

Gamla mönster kan hålla dig tillbaka. Att bygga nya vanor är som att skriva om en mental programvara. På samma sätt som vi löser ett problem programmerar vi om våra tidigare vanor och tankesätt:

1. Identifiera den dåliga vanan eller tanken.
2. Byt ut den mot ett mer gynnsamt beteende eller tanke.
3. Ha tålamod – ny programmering kräver tid.

"Om du tar en stund varje dag och fokuserar på dina mål kommer du snart automatiskt arbeta mot dem undermedvetet."

Vanor och rutiner.
Din stabilitet i vardagen

"Du är bara så bra som dina dagliga rutiner."

Morgonrutinen sätter tonen

"Din morgon sätter tonen för hela din dag."

En enkel morgonrutin kan vara:

- Res dig ur sängen direkt när alarmet ringer (ingen snooze!).
- Bädda sängen för en känsla av ordning.
- Snygga till dig.
- Ta en kort promenad eller gör några enkla övningar för att väcka kroppen.
- Skriv ner dagens viktigaste uppgifter.
- Osv efter eget önskemål.

Du skräddarsyr så klart din bästa morgon, men små enkla steg signalerar att du är igång och är fokuserad. Välj rutiner som fungerar för dig och som triggar ett positivt mindset. Gör det inte för komplicerat, det viktigaste är bara att få upp farten i positiv anda.

> *"En framgångsrik dag börjar med en framgångsrik morgon."*

Undvik telefonen den första stunden på dagen för att låta hjärnan vakna i lugn och ro.
Testa en "High-five-habit" (inspirerad av Mel Robbins): ge dig själv en high-five i spegeln.

Sätt en intention: Vad är viktigast för dig idag?
När du ska implementera nya rutiner kan det underlätta att skriva ut en checklista och bocka av momenten under dagen. Det tar några veckor att etablera en ny rutin, så tydliga visuella listor hjälper. Var flexibel när du testar nya vanor – utvärdera, lägg till eller ta bort.
Undvik att lägga till för många nya rutiner på en gång; det kan bli överväldigande och leda till att du ger upp helt.

Produktivitet och effektivitet

"Gör det viktigaste först."

Eat That Frog
Om du tar itu med din "groda" – alltså dagens jobbigaste eller viktigaste uppgift – direkt på morgonen, slipper du gå med en gnagande känsla resten av dagen. Det minskar stress och ger en stark känsla av seger.

Multitasking är en myt
Hjärnan är inte byggd för att snabbt och effektivt växla mellan flera olika uppgifter. Genom att fokusera på en sak i taget ökar du både kvalitet och hastighet.

Stäng ner alla onödiga flikar och notiser när du skriver en rapport. Arbeta ostört i 25 minuter, ta sedan en kort paus på fem minuter och upprepa. Jag experimenterar ofta med att ställa korta timers för arbets sprintar (Pomodoro-tekniken).

Mål och process.
Systemen som bär dig framåt

"Du stiger inte till nivån av dina mål, du faller till nivån av dina system."

Stora drömmar är fantastiska, men kan bli överväldigande om du inte bryter ner dem i mindre, hanterbara steg. Genom att införa vardagliga system som stödjer dina ambitioner blir vägen mot målet tydligare. Om du till exempel har ett ekonomiskt mål, dela upp beloppet på hur mycket du behöver tjäna per månad, per vecka och per dag. Lägg även upp en strategi för hur mycket du ska spara varje månad och ta med eventuell löneutveckling. Då får du en konkret plan och en tydlig riktning.

Ta kontroll över din tid.

Strukturera din dag för framgång och mindre stress

"Failing to plan is planning to fail."

Känner du ibland att dagarna bara rusar förbi utan att du får något gjort? Att du vaknar med en lång lista att bocka av men ändå lägger dig med känslan av att inte ha hunnit det viktigaste?

Lösningen är sällan att jobba *hårdare* – utan att jobba *smartare*. Genom att planera din dag, starta starkt, blockera tid och eliminera distraktioner kan du åstadkomma mer och samtidigt känna mindre stress.

Du är på en resa av självutveckling. Det betyder att du behöver exekvera fler dagliga punkter än tidigare för att skapa momentum. Saknar du struktur rasar det snabbt.

Det gäller att du har ett system för vad du ska göra och när du ska göra det.

Så här strukturerar jag enkelt min vardag

Kalendern (Google) i mobilen och datorn. Kalendern är din bästa vän för att organisera dagen. Blockera tid för arbete, möten och återhämtning för att undvika ständiga avbrott. Allt som inte finns i kalendern finns inte i min värld. På så sätt kan jag lägga allt mitt fokus på *exekvering* istället för att försöka minnas saker.

Färgkoder i kalendern

- **Ljusblått**: Standardfärg för alla inlägg eller idéer eller saker jag vill få gjort som inte är kopplade till något specifikt.
- **Orange:** Extra viktig uppgift
- **Rött**: Möten, bokade event eller händelser.
- **Lila**: Barnens aktiviteter.
- **Gult**: Transport från A till B.
  Grönt: Träning.
- **Grått**: Markerar en uppgift eller händelse som är avklarad.

Du behöver inte kopiera mina färger, och du kanske vill ha fler olika kategorier och färger, men detta fungerar för mig.
Jag vill i slutet av veckan ha en kalender där allt är gråmarkerat och därmed utfört.

Flytta uppgifter löpande

Om du inte hinner med något, flytta det framåt i kalendern. Glöm inte att även flytta förra veckans ogjorda uppgifter till nuvarande vecka.

Morgon-review

Det första jag har i min kalender varje dag är en 10-minuters "planera dagen" -påminnelse. Jag kollar igenom min dag och även veckan för att säkerställa att jag inte missar något. Vanligtvis brukar jag i praktiken göra detta direkt på morgonen när jag vaknar.

Starta dagen med det viktigaste

De första 90 minuterna på morgonen är guld värda. Använd den tiden till de mest krävande eller viktiga uppgifterna. Ibland skriver jag ner de tre viktigaste på en papperslapp och stryker över när de är klara vilket kan skapa en extra tillfredsställelse.

Checklistor

Utöver kalendern använder jag checklistor för större projekt. Det kan vara anteckningar i mobilen, i en anteckningsbok, i Excel eller i digitala verktyg som Evernote eller Keep. Viktigast är att du har ett enkelt system för att snabbt skriva ner idéer och uppgifter.

Exempel:
Google Keep (en app på mobilen och datorn)
Delar vissa listor med min fru för en gemensam mat- och shoppinglistor eller To-dos.

Excel
Bra för budgetar och kalkyler.

Evernote
(en app på mobilen och datorn)
Samlar checklistor för olika företag och projekt jag driver. Skriver en del mindre föreläsningar och manus här som jag strukturerar i olika mappar för olika projekt osv.

Fysisk anteckningsbok
Perfekt för mötesanteckningar, självreflektion och idéer.

Kläm in tid på dygnet
Leta efter tillfällen att kombinera uppgifter. Ta promenadmöten, lyssna på ljudböcker i bilen, eller planera veckan när du kopplar av i soffan.

Eliminera distraktioner – skapa fokus
Stäng av notiser, sätt telefonen på flygplansläge under dina fokuspass och bestäm fasta tider för att kolla mejl och sociala medier. På så sätt arbetar du ostört och mer effektivt.

Avsluta dagen strategiskt
Ta fem minuter på kvällen och reflektera:

- Vad hann jag med?
- Vad behöver jag flytta fram?
- Vad är prioritet i morgon?

Genom att stänga ner dagen mentalt kan du sedan koppla av och sova bättre.

Hälsa och energi. Grunden för allt annat

"Du kan inte prestera på topp utan att ta hand om din kropp."

Även fast jag senare i boken dedikerat ett helt kapitel till detta så kommer här en påminnelse om hur avgörande din hälsa är i relation till att kunna uppnå alla dina andra mål:

- Drick mer vatten.
- Sov mer.
- Använd koststrategierna.
- Träna hårt ett par gånger varje vecka.
- Testa "mikrorörelse" under dagen: 30 sekunder armhävningar och 30 sekunder knäböj höjer pulsen och frigör endorfiner.
- Osv....

Planerade pauser mot stress
Att arbeta hårt under långa perioder kan kännas effektivt, men leder ofta till utmattning. Använd Pomodoro-tekniken eller andra metoder för att ta korta pauser med jämna mellanrum så du inte bränner ut dig.

Vinn dagen.
Nyckeln till långsiktig framgång

Framgång byggs inte över en natt, utan genom att vinna en dag i taget.

Vinner du dagen, kan du vinna en vecka, sedan en månad och till slut ett helt liv.

Att vinna dagen innebär att du tar kontroll över dina handlingar, din attityd och ditt fokus.

Att vinna dagen innebär:

- Du tar medvetna beslut om hur du spenderar din tid.
- Du gör det du sa att du skulle göra, även när du inte känner för det.
- Du tar steg mot dina mål, oavsett hur små.
- Du håller löften till dig själv och bygger självförtroende genom handling.
- Du hanterar utmaningar med en lösningsorienterad attityd.

Det handlar inte om att vara perfekt, utan om att gång på gång ta *rätt* beslut. Det är så nya vanor och ett nytt liv skapas.

Tre pelare för att vinna dagen

1. Morgonrutinen

- Vakna tidigt för att få en stund för dig själv.
- Sätt din intention: Vad vill du få ut av dagen?
- Skriv ner dagens tre viktigaste uppgifter.
- Planera din dag
- Läs eller lyssna på något inspirerande.

2. Produktivitet – arbeta med fokus

- Eliminera distraktioner som notiser och oviktiga uppgifter.
- Använd blocktider för fokuserat arbete.
- Bryt ner dina mål i dagliga uppgifter.
- Gör det viktigaste först.

3. Kvällsrutinen – avsluta starkt

- Utvärdera dagen: Vad gick bra och vad kan förbättras?
- Planera morgondagen: tre viktigaste uppgifter.
- Koppla av: läs, meditera eller umgås med familj.
- Sov ordentligt.

Detta skapar momentum

"Vinn en dag om och om igen, och du vinner
ditt liv."

Små dagliga vinster ackumuleras över tid och skapar stora resultat. Ju fler dagar du vinner i rad, desto starkare blir ditt självförtroende, och desto lättare blir det att fortsätta. Momentum föder självförtroende, som i sin tur föder uthållighet.

Fråga dig själv varje morgon:

"Vad behöver jag göra idag för att kunna
säga att jag vann dagen?"

Och varje kväll:

"Gjorde jag det jag sa att jag skulle göra?"

Om svaret är ja, är du redan på väg mot något stort och du ska klappa dig själv på axeln för ännu en framgångsrik dag. Dina dagar blir sällan mer framgångsrika än de uppgifter du planerat in.

Från problem till lösning

Som du ser är det ingen idé att vänta på motivation. Du kan skapa din egen motivation genom att varje dag påminna dig om *varför* du gör det du gör: din vision, dina mål och ditt nästa, uppgraderade jag. När du rör dig framåt i små steg skapar du känslan av utveckling, vilket i sig föder mer motivation.

Väntar du på att motivationen magiskt ska dyka upp är risken stor att det aldrig händer, och du får mediokra eller inga resultat. Lösningen är att *hålla dig över* motivationens nyckfullhet genom att etablera disciplin och rutiner.

> *"Jag är sällan sugen på att gå till gymmet,*
> *men jag ångrar aldrig ett träningspass."*

Genom att se dig själv som en person med höga standarder och rutiner – som exempelvis att träna fem gånger i veckan – förlitar du dig inte på dagsformen eller spontan lust. Motivationen, när den kommer, blir bara en bonus.

Du har en plan som du exekverar på. Du kan aldrig förlita dig på motivationen ensam. Därför är motivation i praktiken en stor bluff.

Din resa börjar nu. Du behöver inte känna dig helt redo – det är just steget utanför din komfortzon som ger verklig utveckling. Med små dagliga vinster växer ditt självförtroende, din disciplin och, paradoxalt nog, din motivation. Du skapar din egen tur genom att agera, om och om igen.

"Gör det svåra nu, så blir livet lättare senare."

DETTA HAR DU LÄRT DIG

Motivation är en bluff, men handling är din sanna drivkraft. Du har insett att framgång inte handlar om att vänta på rätt känsla, utan om att bygga rutiner och system som gör att du agerar oavsett dagsform. Med starka vanor och disciplin blir du inte längre slav under känslorna.

Motivation är en effekt av handling
Vänta inte på rätt känsla. När du börjar agera får du ofta energin på köpet.

Rutiner och disciplin frigör kraft
Genom att bestämma i förväg vad du ska göra och hålla dig till det, slipper du fatta nya beslut varje dag.

Volym neutraliserar tur
Ju fler försök du gör, desto större blir dina chanser att lyckas. "Tur" är oftast resultatet av upprepade försök och lärdomar på vägen.

Momentum skapas av små steg

Börja i det lilla. När du väl kommer igång, växer drivkraften av sig själv.

Vinn dagen för att vinna livet

Planera dina viktigaste uppgifter, ta itu med dem tidigt och utvärdera på kvällen. En bra dag leder till bra veckor och i längden ett starkare liv.

Disciplin är frihet

Genom att följa dina rutiner slipper du både stress och känslan av att vara beroende av dagsformen.

Dina vanor definierar vem du blir

Det är de dagliga handlingarna som formar din framtid, inte tillfälliga toppar av inspiration.

Nu har du allt du behöver för att ta kontroll över din egen utveckling. Sluta vänta på rätt tillfälle och börja istället agera. Du bygger din egen tur och skapar de resultat du vill se – ett litet steg i taget.

Du är redo att ta kontroll och skapa en livsstil där du inte är beroende av motivation. Börja nu och reflektera över vad du kan implementera direkt.

Små steg leder till stora resultat – så vad väntar du på?

**Ta kommandot och sätt igång redan idag.
NU KÖR VI!**

VISION

TILL

VERKLIGHET

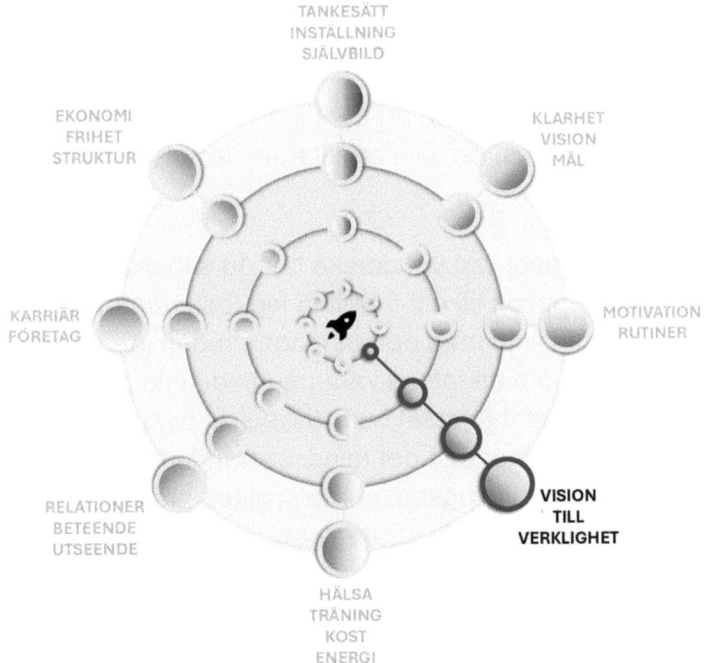

Börja leva som ditt framtida jag redan idag

Föreställ dig själv om fem, tio eller tjugo år.
Vem är du?
Hur lever du?
Vilka val har du gjort för att komma dit?

Det är lätt att tänka att framtiden är något som "händer" oss – att vi en dag bara hamnar där. Men i verkligheten formas den i detta ögonblick.

Ditt framtida jag är inte en främling; det är du, med fler erfarenheter, insikter och resultat av de val du gör just nu.

I det här kapitlet ska vi utforska hur du kan skapa en starkare koppling till ditt framtida jag, och hur du kan börja agera i linje med den personen redan idag. Det handlar inte om att låtsas vara någon du inte är, utan snarare om att medvetet och strategiskt bygga den identitet, de vanor och det mindset som leder dig dit du vill. Genom forskningsbaserade insikter, praktiska övningar och konkreta strategier får du verktyg att bryta mönster, göra smartare val och skapa en riktning som tar dig närmare dina mål.

Vi ska nu förankra både dina tankar och din vision i din nuvarande verklighet, så att du redan nu kan agera i linje med den framtid du vill skapa.

För framtiden är inte något du väntar på – den är något du skapar.
Och den processen börjar nu.

Låt oss sätta igång!

Varför ett tydligt framtida jag är avgörande för våra nuvarande val

"Människor som har en tydlig känsla av sitt framtida jag gör bättre planer på lång sikt."

Forskaren Hal Hershfield har studerat hur starkt vi uppfattar vårt framtida jag som en fortsättning på oss själva.
När vi känner en nära koppling till den person vi kommer vara om fem, tio eller tjugo år ökar sannolikheten för att vi gör val som gynnar oss i det långa loppet.

Exempelvis:

- Spara pengar i stället för att spendera allt direkt.
- Ta hand om kroppen genom rätt kost och träning.
- Välja hållbara relationer och beteenden snarare än att bara jaga kortsiktig njutning.

Allt detta är exempel på hur du investerar i dig själv genom att dagligen göra de smartare valen.

Hershfields VR-experiment

I en av Hershfields studier fick deltagare se en virtuell, åldrad version av sig själva via VR-teknik. När de "mötte" sitt äldre jag blev framtiden plötsligt verklig. Effekten blev att de omedelbart började fatta mer långsiktiga beslut, som att öka pensionssparandet eller visa större intresse för en hälsosam livsstil.

Slutsats:

Ju mer du verkligen "känner" att ditt framtida jag är samma person som du är idag, desto större är chansen att du tar kloka beslut nu. Du vill inte göra ditt framtida jag besviken. Inte heller vill du sitta om fem, tio eller tjugo år och känna ångest över att du inte agerade klokare och mer strategiskt när du hade möjligheten.

Vad innebär det att agera som ditt framtida jag – på riktigt!

Många missförstår uttrycket "tänk och agera som ditt framtida jag" som att man ska låtsas vara någon annan. Ett vanligt exempel är att spendera pengar man inte har, i tron att man "manifesterar rikedom". Det stämmer inte.

Den verkliga nyckeln ligger i en inre process som bygger på **identitet, värderingar, vanor och personliga standarder**. Vi pratar om ett förflyttat mindset, snarare än ytliga markörer. Med andra ord:

"Det handlar mindre om vad du GÖR – och mer om vem du ÄR, hur du tänker och hur du beter dig."

Att låtsas jämfört med att leva i linje med ditt framtida jag:
Låtsas: Köpa dyra märkeskläder på kredit för att känna sig "rik".
Leva i linje: Ta ekonomiskt ansvar, göra en budget och investera i kunskap samt små steg mot ekonomisk stabilitet – för det är vad en ansvarsfull, framtida version av dig skulle göra.

Samma sak gäller hälsan:
Låtsas: Köpa ett dyrt gymkort men aldrig faktiskt använda det.
Leva i linje: Implementera vardagsmotion och hälsosamma matvanor som långsiktiga, realistiska rutiner.

Du kan absolut positionera dig väl även i yttre sammanhang utan att spendera stora summor pengar. Det handlar om att fokusera på kärnan av vem du vill vara, snarare än ett yttre sken.

Fake it till you make it

Även om vi redan pratat om visualisering är det värt att ta en kort tur tillbaka till uttrycket "Fake it till you make it". Detta har länge varit ett av mina favoritcitat, eftersom jag själv har använt denna metod genom nästan hela min karriär.

Ibland misstolkas citatet som att man ska låtsas vara något man inte är. I grunden handlar det dock om ett mentalt förberedande – att bygga självförtroende och att agera som den person du vill bli (ditt framtida jag).

Beteenden formar din identitet

Psykologisk forskning visar att handlingar påverkar hur vi ser på oss själva. Om du agerar självsäkert även när du inte känner dig säker, börjar din hjärna associera dig med självsäkerhet. Genom att bete dig som någon som redan har uppnått ditt mål skapar du de vanor och det tankesätt som krävs för att faktiskt bli den personen.

Du kan därför studera personer du ser upp till eller topparna i din bransch och försöka efterlikna deras bästa sidor. Se upp för att alla har både bra och dåliga egenskaper – välj vad du vill inspireras av.

Skapa momentum och tro på din förmåga

Många framgångsrika personer började utan att känna sig fullt redo. Skillnaden var att de agerade som om de redan var där:

- De pratade som experter innan de faktiskt var experter.
- De tog på sig ansvar innan de kände sig helt bekväma med det.
- De gick in i utmaningar med övertygelsen att de skulle klara av dem.

Metoden fungerar för att din hjärna börjar anpassa sig till den nya identiteten och stärka din tro på din egen förmåga. Men givetvis måste du förbereda dig – genom utbildning, visualisering och övning – så att du kan agera som ditt framtida jag.

Fake it till you make it blir därmed bryggan som gör din nya verklighet möjlig. När du tar klivet utanför komfortzonen kan det till en början kännas som att du fejkar, men, just där, i det okända, sker din utveckling.

Skillnaden mellan falsk fasad och strategisk utveckling

Det är viktigt att förstå att "Fake it till you make it" inte handlar om att ljuga eller vilseleda, utan om ett mentalt inställningsskifte som hjälper dig framåt.

- **Fel tolkning:** Att överdriva din kompetens eller försöka lura andra.
- **Rätt tolkning:** Att aktivt utveckla de egenskaper, vanor och färdigheter som krävs för att bli den person du vill vara.

124

Praktisk tillämpning – så använder du det i vardagen

- **Vill du bli mer självsäker (och även verka mer självsäker för andra)?**
  Börja tala tydligare, stå rak i ryggen, ta i hand ordentligt och öva på att ta plats i samtal.
- **Vill du bli en ledare?**
  Ta initiativ, ta ansvar och börja fatta beslut som en ledare skulle göra.
- **Vill du bli en framgångsrik entreprenör?**
  Agera som en: bygg nätverk, tänk stort och lös problem som om du redan är där.

Var konsekvent och bygg din kompetens
För att detta ska fungera på riktigt måste du även kombinera ditt agerande med konkret utveckling. Vill du exempelvis bli en skicklig talare kan du inte enbart agera självsäkert; du måste öva, lära och samla erfarenheter.

"Fake it till you make it" handlar som du förstår inte om att låtsas vara någon annan, utan om att aktivt leva efter den version av dig själv som du vill bli. Genom att agera som ditt framtida jag skapar du de vanor och den mentalitet som behövs för att nå Din Nästa Nivå, på riktigt!

Konkreta steg för att skapa en starkare koppling till ditt framtida jag

Brevskrivande: En enkel men kraftfull metod

1. **Brev 1:** Skriv ett brev till dig själv om 10–20 år. Beskriv din nuvarande situation, dina nuvarande drömmar och bekymmer, samt hur du hoppas att livet ser ut då. Avsätt tid, var ärlig och utförlig.
2. **Brev 2:** Låt texten vila minst en till två dagar. Skriv sedan ett "svarsbrev" från ditt framtida jag. Fundera särskilt på:
Hur kommenterar din äldre version av dig dina nuvarande val och förhoppningar?
Vad hade ditt framtida jag velat att du fokuserar på just nu för att göra livet lättare för honom eller henne?

Den här övningen skapar en mental bro mellan ditt nuvarande jag och ditt framtida jag. När du läser svaret från ditt framtida jag blir det tydligt att det är **du själv** som kommer leva med konsekvenserna av dina val.

Dagliga "micro-shifts"

Ett effektivt sätt att bryta befintliga beteendemönster är att utföra små, konsekventa justeringar i vardagen. Dessa justeringar kan omedelbart påverka ditt humör och din syn på dagen och livet. Till exempelt:

Rörelse: Ta en 10-minuters promenad innan jobbet eller sätt på din favoritlåt och dansa loss när ingen ser.

Mat: Byt ut ett onyttigt mellanmål mot något mer näringsrikt.

Vatten: Se till att dricka närmare två liter vatten om dagen för att hålla energin uppe.

Ekonomi: Sätt in en liten summa på ett sparkonto varje månad.

Mentalt: Skriv tre saker du är tacksam för i din anteckningsbok på morgonen eller kvällen (eller båda).

Dessa "micro-shifts" adderas över tid och formar gradvis en ny identitet. Varje gång du lyckas med en positiv rutin räknas det som en vinst som i längden gör stor skillnad.

Övervinna "instant gratification" och välja långsiktiga belöningar

"När du har en starkare känsla av 'självkontinuitet' väljer du större långsiktiga belöningar i stället för omedelbara, mindre."

Ett centralt begrepp i psykologin är *delay discounting* (fördröjningsdiskontering). Det betyder att vi tenderar att värdera en belöning mindre ju längre fram i tiden den ligger. För att agera mer som vårt framtida jag måste vi aktivt uppvärdera de långsiktiga belöningarna.

Exempel:

Kort sikt:
Äta skräpmat för att det är snabbt och gott.
Lång sikt:
Välja mer näringsrik mat för bättre hälsa.

Kort sikt:
Kolla på en tv-serie för avkoppling.
Lång sikt:
Läsa en bok eller titta på en dokumentär som utbildar eller utvecklar dig (ej skönlitteratur).

När du tydligt känner att framtidsjaget är du – och när du har en klar bild av hur du vill att ditt framtida jag ska ha det – blir det känslomässigt mer lockande att välja de långsiktiga belöningarna.

Framtidsjaget som en källa till motståndskraft och hopp
Genom att träna ditt sinne att se möjligheter i stället för begränsningar stärker du din mentala uthållighet. Att ha en positiv bild av framtiden kan ge energi att hantera motgångar i nuet. Forskning visar att "hopp om framtiden" frigör må-bra-hormoner och minskar nedstämdhet eller ångest.

Exempel på ökad motståndskraft:
Går du igenom en tuff period på jobbet?
Tänk:
"Om några månader kommer jag vara starkare och ha

lärt mig massor av det här."

Genom att se framåt blir motståndet lättare att hantera; du ger dig själv en känsla av riktning och mening. **Du är inte fast** – du är på väg framåt, och din nuvarande situation är en viktig del av ditt livspussel.

Undvik fällan "toxisk positivitet" – förneka inte nuets verklighet

> *"Att tänka positivt om framtiden handlar inte om att undertrycka känslor eller ignorera problem."*

Det handlar om att hitta en balans mellan optimism och verklighet. Positivt framtidstänkande innebär inte att blunda för svårigheter, utan att se möjligheter trots nuvarande svårigheter. Genom att acceptera och hantera dina utmaningar, samtidigt som du fokuserar på möjliga lösningar, bygger du mental styrka.

Eftersom du vet att lösningar driver dig framåt, tenderar du numera att fokusera på att lösa problemen istället för att hoppas att de löser sig själva. Du kan till exempel skriva ner dina problem på ena sidan av ett papper i din anteckningsbok och lista förslag på lösningar på den andra sidan.

Vipps, så har du förvandlat dig själv till en problemlösare. Framtiden är därmed din att äga.

Att agera som ditt framtida jag handlar inte om att trycka undan jobbiga känslor eller blunda för reella hinder. Balansen ligger i att:

1. Erkänna de hinder som finns här och nu.
2. Ändå behålla tron på en bättre framtid och aktivt arbeta mot lösningar.

Använder du däremot framtidsjaget som en flykt kan problemen växa. Rätt använt blir det i stället en kompass, inte en verklighetsflykt.

Vanliga fallgropar när framtidsjaget blir kontraproduktivt

För detaljerad målbild
Om din vision och vägen dit är för snäv kan varje litet bakslag kännas som ett fiasko.
Lösning:
Behåll en flexibel plan. Livet är dynamiskt och kräver ibland att vi helt enkelt bara flyter med.

Felaktiga handlingar i "manifestationens" namn
Exempel: att belåna dig för att köpa saker du egentligen inte har råd med.
Lösning:
Ta ekonomiskt ansvar och bygg gradvis upp ditt välstånd.

Att förlora kontakten med nuet

Du kan bli så uppslukad av framtiden att du glömmer att faktiskt leva idag.

Lösning:

Använd framtidsjaget som en kompass i det liv du lever just nu, inte som ett drömrike.

Hitta rätt balans

Låt oss titta på hur du kan arbeta med några centrala värden och ta små steg framåt.

Ta fram din anteckningsbok och reflektera.

Pausa mellan varje steg och skriv ner dina tankar.

Definiera dina värderingar

Vilka 3–5 kärnvärden vill du att ditt framtida jag ska leva efter (t.ex. hälsa, kreativitet, familj, ekonomisk trygghet)? Börja redan idag leva efter dessa värden och låt dem bli en kompass för hur du fattar beslut.

Ärlig nulägesanalys

Var är du idag ekonomiskt, socialt, fysiskt och mentalt? Brutal ärlighet är obekväm men nödvändig för att få en tydlig startpunkt.

Rimliga och flexibla delmål

I stället för "Jag ska bli miljonär på fem år" kan du säga: *"Jag sparar 10 % av min lön varje månad"* eller *"Jag studerar hur jag kan starta en sidobusiness på fritiden."* I stället för "Jag ska springa maraton i sommar" kan du säga: *"Jag börjar jogga två gånger i veckan och ökar successivt mot målet att springa maraton i sommar."*

Utveckla dagliga rutiner
Se dina dagliga rutiner som små, upprepade investeringar i ditt framtida jag. De små vinsterna du gör idag lägger grunden för morgondagens resultat.

Skapa en stöttande miljö
Välj poddar, böcker och personer som inspirerar dig. Följ konton i sociala medier som utbildar och motiverar. Pausa gamla kompisar och allmänna nyheter om de tar för mycket energi. När du gör din transformation behöver du fokus.

Påminn dig om att det är en process
Jämför dig inte med någon som redan nått längre än du. Bli i stället inspirerad. Alla är vi "work in progress". För varje nivå du uppnår kommer du upptäcka en ny, inspirerande nivå att sträva mot. Det betyder inte att du inte kan njuta av resan, utan att du fortsätter vara hungrig på lärande och utveckling.

"Visa dig själv lite medkänsla.
Du har aldrig mött den här versionen av dig själv tidigare."

Att utvecklas kräver tålamod, och det är okej att känna sig ovan i den nya versionen av dig själv. Genom att visa dig själv medkänsla och lita på processen blir du starkare och mer motståndskraftig.

När du möter motstånd och tvivel

Motstånd är oundvikligt. Det kan vara självkritik, yttre hinder eller besvikelse över långsam progress. Här är tre strategier för att komma vidare:

1. **Prata med ditt framtida jag**
   Fråga dig själv: *"Hur skulle mitt framtida jag hantera det här problemet?"* Om du fortsätter vara lösningsfokuserad och skriver ner både problem och möjliga lösningar kommer morgondagens oro gradvis ersättas av handling.

2. **Se bakslag som lärdomar**
   Varje misslyckande ger värdefull information. Tänk: *"Vad lär jag mig här?"* i stället för *"Jag är värdelös."*

3. **Håll koll på din inre dialog**
   Uppmärksamma när du tänker: *"Jag kan inte"* eller *"Jag är inte värd detta."* Byt perspektiv och fråga: *"Är det verkligen sant?"* Behandla dig själv med samma respekt och empati som din bästa vän.

"I varje ögonblick måste vi välja hur vi vill förhålla oss till världen omkring oss, hur vi tänker om den och vad vi väljer att göra med våra liv."

Dina val formar din verklighet. Varje dag ger en ny chans att bestämma hur du ska möta världen och vad du vill skapa av ditt liv. Medvetna beslut hjälper dig att styra din riktning och bygga den framtid du önskar.

Detta har du lärt dig

Du har fått en fördjupad förståelse för hur starkt ditt framtida jag påverkar de val du gör idag. När framtiden blir känslomässigt konkret ökar din motivation att agera långsiktigt – vare sig det handlar om att spara pengar, ta hand om din hälsa eller jobba på dina drömmar.

Istället för att "låtsas" eller bygga en fasad, har du lärt dig att kärnan ligger i vem du är och hur du tänker. Principen *"Fake it till you make it"* handlar inte om att lura andra, utan om att skapa en inre förändring där du börjar agera som den person du vill bli och bygger gradvis upp vanor, självförtroende och färdigheter för att matcha denna vision.

Fokusera på identitet snarare än yttre markörer:
Fråga dig själv: *"Hur tänker och agerar en person som redan är där jag vill vara?"*

Bygg i små steg: Rutinerna i din vardag är byggmaterialet för din framtid.

> *"Livet är ingenting förrän det levs; men det är upp till dig att ge det mening."*

Du har också fått konkreta verktyg som brevskrivande till ditt framtida jag, och små dagliga "micro-shifts" i kost, rörelse, ekonomi eller personlig utveckling. Genom att regelbundet ta små steg riktade mot dina mål skapar du en vana att tänka och agera långsiktigt. Samtidigt har du lärt dig vikten av att vara förankrad i verkligheten och undvika "toxisk positivitet". Du erkänner nuets utmaningar men väljer ändå att fokusera på lösningar och framtida möjligheter.

Slutligen förstår du att motgångar är en del av processen. Du kan se dem som lärdomar, istället för bevis på att du inte duger. Varje gång du frågar dig "Hur skulle mitt framtida jag hantera det här?" lägger du ännu en byggsten i den identitet du vill forma. Det är i dessa små, medvetna val som framtiden skapas.

Din framtid formas av hur du tänker och agerar *just nu*. Ta ett litet eller stort steg – det är upp till dig.
Kom ihåg: ditt framtida jag är inte en främling. **Det är du**, men med fler erfarenheter, större tänk och ännu större möjligheter.

Din resa *slutar* inte här – den **börjar**. Vad du gör idag formar vem du blir imorgon.
Ta gärna ett första steg redan nu, ditt framtida jag kommer tacka dig.

NU KÖR VI!

HÄLSA, KOST
TRÄNING
ENERGI

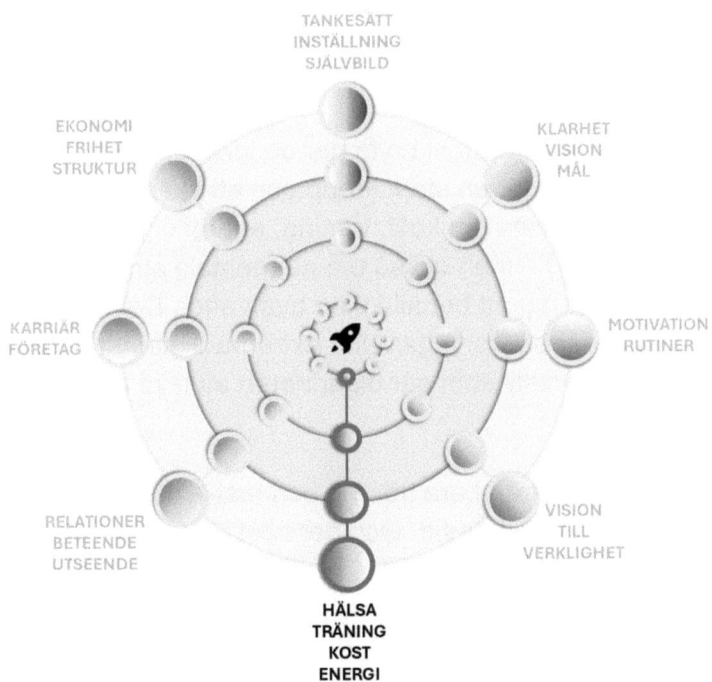

Tänk dig att vakna upp varje morgon med ett klart sinne, kraft i kroppen och en energi som gör att du verkligen längtar efter dagen. En hälsa som inte bara får dig att se bra ut, utan som gör dig stark, uthållig och mentalt skarp – redo att möta livet på din allra högsta nivå.

För många är hälsa något man tar för givet – tills kroppen börjar säga ifrån. Men du har ett val: antingen väntar du tills trötthet, stress och smärta tvingar fram en förändring, eller så tar du kontroll nu och bygger en fysik och ett mindset som gynnar dig varje dag, år efter år. Livet är kort och vårt mål är att leva med kvalitet och energi även när vi blir äldre.

I det här kapitlet ska vi bryta ner de viktigaste byggstenarna för en stark kropp och ett skarpt sinne. Vi kommer att prata om kost, träning, energi och återhämtning – men också om de mentala strategierna som hjälper dig att behålla dina nya vanor. Det handlar inte om snabba lösningar eller extrema dieter, utan om en hållbar livsstil som ger dig friheten att leva på dina egna villkor.

Det här är mer än bara träning och mat – det är en investering i din framtid. Och det bästa av allt är att du kan börja redan i dag.

> *"Många ignorerar sin hälsa tills de blir sjuka;*
> *då är hälsan det enda som spelar roll."*

Vi lever i en tid där ytan ofta hamnar i centrum. Det är lätt att tro att träning främst handlar om att se bra ut i spegeln. I själva verket är en stark kropp och en balanserad kost så mycket mer än så – de är grunden för livskvalitet, mentalt välmående, energi, glädje och personlig utveckling.

När vi prioriterar vår hälsa investerar vi inte bara i det fysiska, utan också i en starkare framtid, mer energi och en inre trygghet som genomsyrar allt i livet.

Vi tenderar att uppgradera det mesta runt oss – bilar, hus och kläder – men vi har bara en kropp att använda hela livet. Se nu till att uppgradera även den för bästa möjliga livsglädje och framgång.

Ta ett djupt andetag, sträck på dig och låt oss kickstarta resan mot en starkare, gladare och mer energifylld version av dig själv!
Som vanligt kommer vi att prata en hel del om det mindset du behöver för att hålla kontinuiteten uppe, men vi kommer också gå igenom många praktiska tips och strategier som verkligen gör skillnad.

När allt ändrades

För några år sedan upplevde jag själv en rejäl dipp i både livet och hälsan, men som tur var agerade jag snabbt.
Under fem års tid hade jag praktiskt taget jobbat dygnet runt, sju dagar i veckan, för att bygga upp ett av mina

företag från noll till 50 anställda och en omsättning på 350 miljoner. Det var som en tornado, och jag befann mig mitt i stormen, konstant snurrande. Dessutom hade jag en treåring och en nyfödd bebis hemma, så sömnen och återhämtningen var långt ifrån optimal.

Plötsligt, under några veckor, föll allt isär. Jag var lättirriterad, glömde saker, hade låg energi, saknade klarhet i tanken och kände mig både mentalt och fysiskt trött. Jag hade under åren lagt på mig några kilon runt magen – allt var röda flaggor och tecken på att jag var på väg åt helt fel håll.

Jag hade under flera år ignorerat min hälsa, kost, träning och sömn. Jag visste att om jag inte förändrade något snabbt skulle det vara kört.
Som tur var agerade jag blixtsnabbt med hjälp av problemlösningsstrategin jag tidigare pratade om.
Jag ändrade mitt mindset, mina vanor och var bara ett år senare, vid 41 års ålder, i mitt livs bästa form. Den förändringen påverkade både min inställning, min kost och min träning – och därmed också mitt resultat.

Nu är jag 44 och förändringarna jag gjorde var ingen quick fix, utan en hållbar livsstilsförändring som även du kan göra. Så låt oss först gå in på de tankesätt och strategier som har förändrat mitt liv till det bättre – och som kommer göra detsamma för dig.

Snabbaste vägen till förändrat humör

"Rörelse kan förändra vårt humör SNABBT.
Ställ dig upp, sätt på musik och hoppa runt."

Få saker kan skifta vårt humör lika snabbt som rörelse. Forskning visar att när du rör på dig ökar testosteronnivån och kortisolnivån sjunker, särskilt om du gör det till musik eller något som får dig att le. Det kan vara så enkelt som att resa sig från skrivbordsstolen och ta ett par danssteg, eller att testa ett kort men intensivt hemmaträningspass när tröttheten smyger sig på.

Jag brukar själv sätta på en favoritlåt och hoppa runt i rummet om jag känner mig seg. Det kanske ser lite galet ut, men det får mig att skratta och höjer energin nästan omedelbart.

Välj en "pepplåt" som alltid får dig på bra humör. Låt den fungera som din "energi knapp" när motivationen dippat. Själv brukar jag sätta på min favorit spellista på Spotify.

För många låter det kanske överdrivet att tala om hormoner, men kroppen är en fascinerande fabrik av signalsubstanser och kemiska reaktioner.

När kortisolet sjunker minskar stressen och när testosteronet ökar, får du en starkare känsla av driv och styrka. Små rörelsepauser under dagen kan alltså vara en stor hjälp för att hålla humöret uppe och kroppen i form.

Vad en atletisk person speglar

"Att vara i bra fysisk form handlar inte bara om muskler, det handlar om disciplin, karaktär och att hålla löften till sig själv."

Bakom en stark och vältränad kropp döljer sig ofta disciplin, konsekvens och uthållighet. När du ser någon som är atletisk speglar det inte bara timmar på gymmet, utan även förmågan att följa en kontinuerlig plan. Dessutom är en vältränad kropp det bästa sättet att få kläder att sitta snyggt. God hållning och en trimmad midja får i stort sett alla plagg att se bättre ut.

Det krävs inte mycket för att nå en bättre hållning och utstrålning. Arbeta bort "magkulan", sträck på dig, skjut ut bröstet en aning och lyft hakan – redan där är du en bra bit på väg.

Fundera över vilka personliga egenskaper du vill utveckla genom din träning. Är det bättre självförtroende, högre stresstålighet, ren styrka eller en stark utstrålning?
Blunda och se det framför dig. Skriv ner dina mål och påminn dig om dem när motivationen tryter.

Praktiskt tips:

- Ta en stund och ställ dig frågan: "Hur kan min träning påverka andra delar av mitt liv?"
- Dokumentera hur styrkan, disciplinen eller uthålligheten du bygger kan hjälpa dig i exempelvis arbetslivet eller i relationer.
- Leta reda på en målbild av hur du önskar att ditt framtida jag ska se ut.
- Sätt en målvikt om det är relevant

Mental styrka och fysiska gränser

"Din kropp kan klara allt – det är ditt sinne du måste övertyga."

Ofta ger vi upp för tidigt, inte för att kroppen inte orkar utan för att hjärnan protesterar. Vårt inre motstånd är en mästare på ursäkter: "Det gör ont", "Jag är för trött", "Jag har inte tid". Men när vi vägrar lyssna på de där rösternas första nej och i stället pressar oss lite längre, bygger vi inte bara fysiska muskler utan även mental uthållighet.

"Mästare har inget som du saknar.
De saknar något som du har:
- en avstängningsknapp."

Därför är det så viktigt att låta din viljestyrka komma från en riktigt stark målbild av den du vill bli.

När du känner för att ge upp, påminn dig: "Smärta är tillfällig, men resultatet varar."

När motivationen tryter, boosta inte upp dig själv direkt. Gör tvärtom: sätt dig ner, slut ögonen och fokusera på din målbild. Påminn dig själv om varför du tränar och vilken fantastisk investering detta är för framtiden. När den visionen är tydlig, sätt på musik och dansa i två minuter – sedan går du till gymmet utan att överanalysera. Ibland måste vi "lura oss själva" till handling.

Träning bygger karaktär

"Träning bygger karaktär, inte bara muskler."

Varje pass du genomför, trots att soffan lockar, är ett bevis på att du kan hålla löften till dig själv. Det skapar en djup självkänsla. Den som upplever tillfredsställelsen i att klara av något tungt vet också hur man överför den kämpaglöden till andra områden i livet.

Sätt små, konkreta mål. Börja gärna med 15 minuters promenad eller hemmaträning varje dag för att skapa dagliga "vinster" där du kan klappa dig själv på axeln.

Fira varje framsteg! Att öka från 15 till 20 minuters träning kan verka litet, men är stort på sikt.

Hälsa som en långsiktig investering

"Förebyggande är bättre än behandling."

Ett gymkort, bra kosttillskott och näringsrik mat kan kännas dyrt på kort sikt. Men se det som en långsiktig investering i dig själv. När du mår bra och din kropp är stark och uthållig sparar du tid och pengar i form av minskad sjukfrånvaro, mindre mediciner och ökad livskvalitet.

Personligen ser jag min träning som en investering för livet. Jag vill ha ett liv med kvalitet, och kvalitet är inte att trycka i sig sin favoritmat eller dryck varje dag. Kvalitet för mig är att kunna röra mig genom livet med hög energi och livsglädje – och det är precis vad detta kapitel handlar om.

Praktiskt tips:

Gör en lista över vilka hälsoproblem du vill förebygga (till exempel högt blodtryck, diabetes, övervikt). Finns det

ärftliga problem i din familj som du bör vara
uppmärksam på?

Skriv ner hur du vill må och se ut om 5, 10 och 20 år. Låt
detta bli ditt "varför" när motivationen tryter.

Gör ett blodtest för att se hur dina värden ligger.
Jag gör mina tester hos Werlabs varje till vartannat år.

Prioritera träning och bra mat

*"Hälsa handlar om långsiktig balans,
inte extremism."*

Att hålla en strikt, "perfekt" diet 100% av tiden är
ohållbart för de flesta. En bättre strategi är 80/20- eller
90/10-regeln: där 80–90 % av dina kostval är näringsrik
och nyttig mat, medan 10–20 % kan vara lite friare.
Denna balans gör det lättare att hålla fast vid goda
vanor, utan att känna dåligt samvete för "undantagen".
Dessutom får du njuta av din favoritmat varje vecka.

Älskar du pizza?
Tillåt dig en dag i veckan där du äter precis vad du vill
(jag säger inte hur mycket du vill här). När du sedan
återgår till din vanliga kost är det lättare att behålla
disciplinen.
Hoppa över ett annat mål eller fasta under förmiddagen

så att du kan unna dig din pizza utan att överstiga ditt dagliga kaloriintag (mer om detta senare).

Tycker du om godis?
Ät det ibland, men se till att stommen i din kost är full av näring som gynnar både din energi, glädje och framgång.

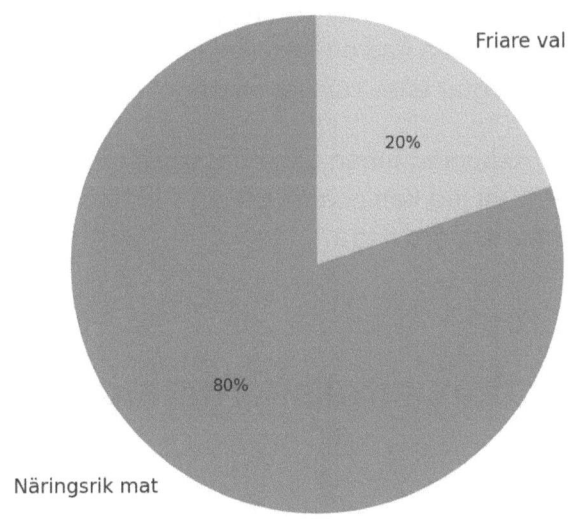

Perspektivskifte

"Se träning som en hyllning till vad din kropp kan göra, snarare än ett straff för hur du har ätit."

Vi har ibland en tendens att se träning som ett straff efter att vi ätit "fel" eller för mycket. Vänd på det. Kroppen är ett fantastiskt verktyg, och träning är en chans att uppleva vad du faktiskt klarar av. Då blir det något du längtar efter i stället för något du drar dig för.

Ta några sekunder innan varje pass och tänk: "Jag gör det här för att jag kan och för att jag vill. Min kropp och min framtid är värd detta."

Motivation, stresshantering och balans

"Rörelse är medicin."

Börja med två träningspass i veckan i stället för att försöka med sex pass direkt.
Anpassa kosten gradvis. Byt ut en ohälsosam måltid i veckan mot en bättre, sen två, tre och så vidare.
Poängen är långsiktighet och att skapa en hållbar livsstil, inte kortsiktiga svängningar där du snabbt är tillbaka i gamla vanor.

Stress och träning
Känner du dig överväldigad? Ta en kort promenad, testa ett par yogaövningar eller gör några snabba push-ups. Endorfinerna som frigörs ger en lugnare känsla och en mental nystart.

Undvik extremism
För höga krav kan ge motsatt effekt – du blir överstressad och kanske slutar helt. Hållbara förändringar sker i små steg.

Komfortzoner, förändring och tålamod

"Förändring sker utanför din komfortzon."

Om du vill se nya resultat kan du inte alltid göra samma sak du alltid har gjort. Oavsett om det handlar om att testa nya träningsformer, lägga på mer vikt eller justera kosten, är det vid gränserna av din bekvämlighet som utveckling verkligen sker. Riktiga resultat kräver tid och tålamod.

Din hälsa är din rikedom

"Din hälsa är din största rikedom."

Det spelar ingen roll hur framgångsrik du är i karriären eller hur mycket pengar du tjänar.
utan god hälsa begränsas din frihet och livskvalitet kraftigt. Först när kroppen fungerar optimalt och sinnet är klart kan du på riktigt njuta av allt annat i livet.

- Planera in träning och vila i din kalender, precis som viktiga jobbmöten.
- Prioritera sömn och återhämtning lika högt som träning, kost och andra åtaganden.

Träning som en livslång process

"Det handlar inte om att vara den bästa –
det handlar om att bli bättre än du var igår."

När du nått ett visst mål (till exempel en viss vikt eller ett personbästa i bänkpress) kan det vara lockande att känna sig "färdig". Men ser du hälsa och träning som en pågående process kan du fortsätta utvecklas, undvika bakslag och upptäcka nya glädjeämnen längs vägen.

Sätt upp nya mål när du uppnår gamla. Testa en ny träningsform eller förbättra din rörlighet.

Fira även de små framstegen, som att slippa bli andfådd i trappan eller att orka leka längre med barnen.

Hantera blodsockret

När du äter stiger blodsockret, vilket är normalt. Äter du en större portion tyngre kolhydrater i form av pasta, bröd, ris osv skjuter blodsockret snabbt i höjden och du kan märka att du blir slö och trött efter en kolhydratrik måltid. Kroppen blir nämligen upptagen med att hantera allt "skräp" du stoppat i dig och går därför ner i lågvarv. Den vill att du ska varva ner för att den ska kunna städa upp.

Hantera blodsockret

Jag själv äter knappt kolhydrater (förutom sallad och grönsaker), speciellt inte under arbetsdagen, just för att jag vill förbli alert och fokuserad. Mackor, pasta, bröd, ris osv. är no-go för mig om jag vill prestera på eftermiddagen. Gå aldrig in i ett viktigt möte direkt efter en kaloririk (speciellt kolhydratrik) frukost eller lunch.

Är jag hemma äter jag helst ägg och rostbiff till lunch. Ute på restaurang väljer jag gärna en kycklingsallad. Då är jag pigg och alert även direkt efter lunch.

Gör matlådor för veckan eller handla rätt saker i förväg för att undvika "snabb pasta" av bekvämlighet.
Undvik impulsätande genom att ha färdiga näringsrika mellanmål som nötter eller frukt till hands.

Fiberbroms:
Ett litet hack om du ändå vill äta dina kolhydrater är att starta måltiden med grönsaker eller sallad, vilket kallas en "fiberbroms". Grönsaker innan kolhydrater ger en lugnare blodsockerkurva efter måltiden.
Undvik också stora mängder snabba sockerarter på fastande mage.

FIBERBROMS

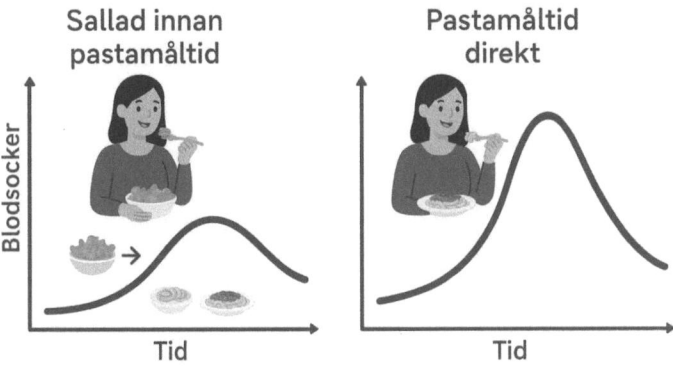

Sallad innan pastamåltid

Pastamåltid direkt

Blodsocker / Tid

Det är inget farligt med att ditt blodsocker går upp kraftigt, de flestas kroppar tar hand om det, men det som jag själv ogillar är känslan efter måltiden där kroppen tenderar bli trött och seg efter en kraftig blodsockerstegring.

Vatten

"Vatten är livets elixir – hydrering är nyckeln till prestation."

Drick 2–3 liter vatten per dag, beroende på hur mycket du tränar.
Om du känner dig dåsig och trött på eftermiddagen eller kvällen kan det bero på att du druckit för lite under

dagen.
Börja alltid dagen med ett till två glas vatten för att kickstarta systemet. Vi svettas även när vi sover, så det är viktigt att fylla på vatten i systemet direkt på morgonen.

Gå ner i vikt utan att banta

När du vill gå ner i vikt finns det en enkel grundregel: du måste äta färre kalorier än du gör av med (och tvärtom om du vill gå upp i vikt).
Här börjar ofta problemen för många, inte för att de inte försöker äta nyttigare, utan för att de:

1. Inte vet hur många kalorier deras kropp faktiskt behöver.
2. Inte vet hur de ska räkna kalorierna de äter.
3. Underskattar mängden kalorier de får i sig.

Vi ska göra två avgörande saker här:

1. Säkerställa och pejla in ditt kaloriintag baserat på din kaloriförbrukning.
2. Säkerställa att de kalorier du får i dig är av bästa möjliga kvalitet, så att du får maximal energi för att leva ditt bästa liv.

Det handlar inte om att banta. Det handlar om att skapa en livsstil som är i linje med dina mål om att leva ett energifyllt och framgångsrikt liv. Att banta är en kortsiktig förändring av kosten för ett kortsiktigt mål. Vi ska skapa en långsiktig strategi och livsstilsförändring som ger varaktiga resultat.

Du kan testa alla möjliga dieter som keto, carnivore, fasta, soppdieter eller något "poängsystem" – alla fungerar kortsiktigt, men de misslyckas ofta för att du inte har koll på ditt energiintag och energiuttag. Det är A och O för viktnedgång. De flesta vet inte om de får i sig 1 500 eller 3 000 kalorier på en dag. Det kan dessutom variera från dag till dag, vilket gör det svårt för kroppen att anpassa sig.

Det är lyckligtvis inte särskilt komplicerat, men det kräver lite engagemang i början.

Fyra energikällor
De fyra energikällorna vi får i oss är:

1. Fett, 9 kcal/gram
2. Kolhydrater, 4 kcal/gram
3. Protein, 4 kcal/gram
4. Alkohol, 7 kcal/gram

Vill du gå ner i vikt ska du dra ner på alla – utom protein. Vi antar vi att du skippar alkohol helt för att vara seriös och vilja ha maximal energi och mental klarhet. Det finns dock sätt att få in alkohol i rimliga mängder också.

Följ guiden nedan för att ta kontroll över din vikt:

Steg 1
Googla på "kalorikalkylator".
Fyll i kalkylatorn och anteckna hur många kalorier per dag du ska äta. Du kan även leka med att skriva in din målvikt och utgå från den. Gör detta nu!
Kcal/dag som jag förbränner enl. kalkylatorn: _____

Steg 2
Köp eller låna en matvåg. Ja, det kan kännas jobbigt att väga maten, men du ska bara göra det i början. Jag gjorde det de första två veckorna och fick snart en känsla för hur stora portioner som innehåller X antal kalorier. Sedan dess tar jag fram vågen då och då när jag behöver "korrigera kursen".

Steg 3
Köp eller låna en våg (gärna en som mäter både vikt och fettprocent). Mät dig alltid samma tid och situation, till exempel direkt på morgonen efter ditt toalettbesök.

- Väg dig varannan dag och anteckna din vikt.
- När du är nöjd med din vikt räcker det att kolla ungefär en gång i veckan för att hålla koll.
- Det spelar ingen roll om din våg inte är perfekt kalibrerad så länge som du använder samma våg hela tiden. Du tävlar inte mot någon annan än dig själv.

Steg 4

Ladda ner en app för att räkna kalorier. Jag använder Lifesum, där du kan skanna streckkoder på matpaket och enkelt registrera kalorierna. Det finns många appar som funkar liknande. Använd denna tills du känner att du har koll.

Steg 5

Hitta DIN kaloriförbränning:
Kalorikalkylatorn ger bara ett riktmärke. När jag testade min första gång, stod det att jag skulle äta 2 400 kcal per dag för att bibehålla min vikt. När jag mätte mina macros och la mig på 2400 kcal per dag under två till tre veckor gick jag dock UPP i vikt trots att jag tränade CrossFit 5–6 dagar i veckan – det var helt enkelt för högt för mig, så det testet blev misslyckat, men det lärde mig hur min kropp fungerar vilket är precis vad vi är ute efter i detta stadie.

Jag insåg att mitt "mellanläge" för att stå still i vikt egentligen låg runt 2 000–2 200 kcal/dag. För att gå ner i vikt behövde jag alltså äta mindre än 2 000 kcal per dag. Jag lade mig på 1 800 kcal/dag och såg resultaten redan efter två veckor.

Hitta din egen "sweet spot" på liknande sätt.

Kcal/dag som jag förbränner "i verkligheten": _____

Efter bara ett par veckor kommer du ha lärt dig hur du räknar kalorier och hur många kalorier din kropp behöver för att gå ner i vikt. Då kan du också bättre uppskatta kalorimängden när du äter ute, och veta när det är dags att sätta stopp för dagen.

Vad får du äta?

I grunden spelar det mindre roll *vad* du äter så länge du håller dig inom ditt kaloriintag. Vill du äta pizza varje dag kan du faktiskt göra det – så länge du inte överstiger ditt dagliga kalorimål.

MEN....

Ju mer kvalitativ mat du äter, desto bättre kommer du att må – både fysiskt och mentalt. Äter du en pizza eller en stor pastaportion blir du ofta seg och trött eftersom kroppen måste jobba hårt för att producera insulin för att dämpa blodsockret och hantera matsmältningen.

Och helt ärligt, det ÄR ologiskt för en smart vuxen person att äta ihopklumpat mjöl och vatten (pasta).

Äter du i stället en lättare måltid med oprocessad, "riktig" mat (t.ex. grönsaker, kött, fisk, fågel, ägg, frukt, nötter, olivolja m.m.) känner du dig pigg och snabb, inte bara samma dag, utan även dagen efter osv..

Ju färre ingredienser det är i din mat desto bättre (cleanare).

Vad får du dricka?

Vad som helst, så länge du räknar in det i ditt kaloriintag. Men du vet säkert att sockrade drycker som läsk och de flesta joucer är fulla av socker och e-ämnen.

Socker jämställs av vissa med ett "gift" för kroppen och sägs vara mer beroendeframkallande än heroin.

Undvik också energidrycker med koffein och massa E-ämnen. Det är cleanare med kaffe och vatten. Många drycker och juicer innehåller mer kalorier än vad du kanske tror, håll koll på det från det större perspektivet.

Hur mycket ska du äta av varje komponent?
Lifesum eller liknande appar kommer ge dig en rekommendation, och det finns många guider på YouTube om du vill fördjupa dig. Personligen tummar jag aldrig på proteinet (1,8–2 g/kg kroppsvikt). För att klara det målet kompletterar jag vanligtvis mina måltider med två proteindrycker per dag (ca 50 g protein). Sedan drar jag strategiskt ner på fett och kolhydrater om jag vill gå ner i vikt eller behålla den. Jag undviker speciellt "vita kolhydrater" eftersom jag lätt lägger på mig kilon runt magen.

Kolhydrater binder också vatten, vilket gör att du kan se lite mer "plufsig" ut. Pastaportioner, ris och bröd går inte ihop med min målbild om att känna mig kvicktänkt och stark med ett atletiskt utseende.

När målbilden av vad du vill uppnå är glasklar blir det lättare att göra de rätta valen.

Som ett exempel kan jag ge dig min egen formel som jag någorlunda eftersträvar efter:

- Protein; 140 g, 31%
- Fett; 100 g, 50%
- Kolhydrater; 85 g, 19%

De små dagliga valen är avgörande

Om du äter ute: Välj grönsaker istället för pommes.
Be om en kycklingsallad istället för dagens raggmunkar med fläsk.

Gör smarta val varje dag. När du blir sugen på något, skriv ner det och planera in den måltiden till helgen.

På snabbmatsställen: Välj bort pommes och sockrad läsk, eller ta bara en burgare. De flesta snabbmatskedjor erbjuder också sallad med kyckling vilket är mycket bättre än tex en Big Mac & Co på 1 015 kcal.

Kontinuiteten i dina dagliga val är det som skapar ditt resultat.

Det mentala spelet kring mat

En sak som fungerat för mig är att ändra mitt mentala förhållningssätt till mat. Förr valde jag alltid det jag var sugen på. Nu, speciellt i veckorna, äter jag mest sådant som är strategiskt bra för mitt arbete och min energi. På helgerna kan jag släppa loss lite mer.

Se inte onyttig mat som en "belöning". När jag och min familj reser och måste köpa snabbmat skämtar jag ibland med barnen och säger att det är ett "straff" att äta på Mcdonald's för att det inte finns andra alternativ. Detta är för att avprogrammera deras tanke om att snabbmat är något festligt. Jag vill att mina barn ska förstå att snabbmat är en nödlösning och inget annat.

Numera ser jag mat till vardags som en energikälla för prestation och mental klarhet. Min koststrategi är en viktig del av min övergripande plan för att nå mina mål. Jag får mer gjort och har lättare att hålla mig disciplinerad när jag är pigg och alert – **allt hänger ihop.**

Optimerat kaloriintag

När du optimerar ditt dagliga intag så att du får i dig den bästa möjliga näringen för energi och livskvalitet, blir det också mer uppenbart att alkohol inte passar in. Oavsett vad vinlobbyisterna säger om "hälsofördelar" i tex rödvin finns det inget som talar för några fördelar med ett kontinuerligt alkoholintag. Däremot kan du förstås göra undantag.

Själv kan jag älska ett eller två glas champagne eller en sangria på en strandklubb. Det är också livskvalitet för mig. Men att bara ta ett glas vin en vardagskväll hemma framför Tv:n är helt onödigt.

Se upp med kalorimängden i alkohol:

- Starköl ~235 kcal
- Glas champagne ~85 kcal
- Glas rödvin ~90 kcal
- Väljer du alkoholfritt kan du dela kalorimängden på ungefär hälften (så länge det inte är sockerstinna alkoholfria drinkar).

Om du ligger på 2 000 kcal/dag för att bibehålla vikt och dricker två glas vin (~200 kcal), är det redan 10 % av dagens totala energi. Vill du inte gå upp i vikt behöver du äta 1 800 kcal mat för att "ha råd" med de två glasen vin. Ibland är det värt det, men du måste väga för- och nackdelar. Jag drar ofta ner på mat under dagen om jag vet att jag ska ut på kvällen, eller fastar längre på morgonen för att ha ett större "kaloriutrymme" på kvällen. Som du ser kan du göra de smartare valen även när det kommer till alkohol, det kallas inte ölmage utan anledning som du ser ovan.

Rent förbränningsmässigt (kcal in och ut under dygnet) spelar det ingen roll när på dygnet du äter dina kalorier, däremot kan matintag sent på kvällen sänka kvaliteten på din sömn då din puls tenderar vara lite högre under matsmältning. Detta är inte optimalt för kvalitetssömn.

När det är svårt att räkna
Du kommer att hamna i situationer där det är svårt att räkna kalorier. Det är meningen med livet att också kunna njuta av middagar och restauranger.

När du pejlar in dina kalorier första gången kan du försöka äta hemma i två veckor för att lära dig uppskatta mängderna. Eller välj rätter som du kan ange i din app för att åtminstone få ett överslag.

Du behöver inte vara perfekt. Du behöver bara vara medveten och kontinuerlig.

När vi kommer ur fas

Har du hamnat snett en period, till exempel under en semester, kan du bara hoppa tillbaka till steg 3 (väg, räkna, justera). Gör det inte till en stor grej om du halkar efter. Det är enkelt att från en dag till nästa återuppta strategin och dina rutiner. Ser du på en hel veckas perspektiv, kan du använda fasta som metod för att kompensera om du ätit mycket en helg.

Varför är det här den bästa strategin?

Du lär dig *faktiskt* om mat. Du gissar inte, du vet vad du får i dig. Det är svårt i början, men blir snabbt enklare.

Du behöver inte göra mer research än vad som står här – du behöver bara börja...

När du väl är i fas med detta har du inte bara bättre koll på mat, utan du har också förändrat ditt mindset vilket är den viktigaste delen för din framtid.

Hållbar viktnedgång

Ta det inte för drastiskt. För snabba åtgärder kan försämra ditt humör och ditt sociala liv.
Att gå ner ca 0,5 % av kroppsvikten per vecka är ofta lagom.
Höj eller sänk kalorierna stegvis när du hittat din basnivå.

Fasta – En fantastisk strategi för klarhet och viktkontroll

Från fasa till fantastiskt
När jag först hörde talas om fasta blev jag både fascinerad och skeptisk. Vi är sedan barnsben itutade att frukost är dagens viktigaste mål, särskilt om man tränar på elitnivå som jag gjorde när jag åkte snowboard i landslaget.
Men i vuxen ålder, med ett mindre fysiskt krävande liv, ser behoven annorlunda ut.

För ett par år sedan, när jag var nära utbrändhet och hade jobbat 80-timmarsveckor med småbarn och husrenovering, insåg jag att jag behövde en akut förändring i mitt tankesätt, min kost och min träning.
Jag ville inte dra ner på tempot, så jag behövde istället hitta ett klarare sinne och öka min energi på andra sätt.

Jag beslutade mig för att testa fasta och insåg snabbt att jag gått miste om något väldigt bra:

Klarare i huvudet
Efter en till två veckor vänjer sig kroppen vid att hämta energi från våra fettdepåer istället för lagrat glykogen. Detta frigör något som kallas för ketoner som ger hjärnan energi. Själv upplever jag att detta ger mig bättre mental skärpa.

Stabilare blodsocker

Jag brukade bli "hangry" innan lunch och middag, men med fasta hålls blodsockret jämnare och hangry känslan försvann.

Lättare att hålla nere kalorierna

När du äter under färre timmar (t.ex. 16–18 timmars fasta, 6–8 timmars ätfönster) är det svårare att överäta, vilket ofta gör det lättare att nå ett kaloriunderskott.

Triggar autofagi

2016 fick Yoshinori Ohsumi Nobelpriset för upptäckten av autofagi, en process där kroppen "rensar bort" trasiga proteiner och slaggprodukter inne i våra celler. Autofagi ökar efter cirka 14–18 timmars fasta.

Hållbar strategi

Fasta är en enkel strategi att följa. Jag ser det inte som ett tvång, snarare en metod jag kan använda 5–7 dagar i veckan. Och jag äter ofta frukost med familjen på helgerna eller när jag vill.

Jag äter inte samma som resten av familjen

Vill du ha resultat måste du bryta dina gamla mönster. Jag tvingar inte min familj att göra som jag, särskilt inte barnen. Men om du vill förändra ditt liv kan du inte göra som förut. Det är inte svårare än att till exempel välja bort pasta och ersätta med sallad, avokado eller ägg när resten av familjen äter köttfärssås och spagetti. Prata med familjen så de förstår dina behov och att din tallrik framöver kommer att se annorlunda ut än deras.

Kvinnor och fasta

Tänk på att justera din fasta efter din menstruationscykel. Googla eller kolla YouTube för mer detaljinfo om hur du som kvinna anpassar fastan på bästa sätt till din månatliga hormoncykel.

Exempel på hur ett vanligt dygn ut för mig:

06.30: 1–2 espresso, två stora glas vatten.

Förmiddag: Vatten. Om du blir hungrig, drick en halv liter vatten i ett svep så fyller du magen en aning.

11.30 (ibland senare): Jag bryter fastan med något lätt som inte får blodsockret att skjuta i höjden direkt. Min standard är: 1 st kiwi, 1 msk olivolja, multivitamin, kreatin, longevity-mix och en proteinshake.

12.00: Träning (ibland bryter jag fastan efter träningspasset). Det händer att jag äter en banan 30 min innan passet för lite extra energi.

13.00 (ibland 14.00): Lunch. Ofta tre ägg, 150 g rostbiff/köttfärs och en avokado om jag är hemma. Ute väljer jag nästan alltid en kycklingsallad. Jag gillar att hålla det enkelt och rätt lika under arbetsdagar för att inte störa mitt fokus.

15.00: Proteinshake. Ibland även ett mellanmål, t.ex. kvarg, frukt eller en halv deciliter cashewnötter.

18.00: Middag (ibland lite tidigare eller senare). Jag undviker processad mat, gör de smarta vardagsvalen och håller kolhydrater till ett minimum.

19.00: Fastan startar efter middagen. Inget mer kaloriintag fram till nästa dag vid lunch.

Strategin är enkel.
Du får utforma din egen plan. Poängen är att ha ett **ätfönster** på ett antal timmar och ett **fastefönster** på resterande tid.

Jag går ur fastan runt lunch, och går på fastan igen efter middag. Ibland fastar jag 24 h (middag till middag). Jag har även testat längre fasta.

Gör inte en så stor grej av det när du börjar, utan testa med att hoppa över frukosten utan att snacksa på något under förmiddagen, och förläng sedan fastan tills du känner dig nöjd med strategin.

Du äter inga kalorier alls när du fastar. Kaffe, vatten och te är ok.

Undvik skräpmat (grunden i alla koststrategier)

Jag fuskar och tar två droppar grädde i min espresso för att få en lite mjukare smak, men det är typ 2-3 kalorier max, och jag har hört att du behöver minst 5 kalorier för att "bryta" fastan.

Mjölk däremot bör du vara lite försiktig med då det är mycket sötare och tenderar därmed trigga blodsockerkurvan och insulin. Grädde är istället rätt fett.

Börja enkelt

Skippa frukosten och ät första målet vid lunch. Ät inget (förutom vatten, kaffe, te) under förmiddagen. Ta det stegvis om det känns svårt. Tänk också på att hungern ofta är "mental", speciellt under de första två veckorna innan kroppen anpassar sig till fettförbränning och ditt psyke vant sig.

När kroppen vant sig bli effektiv på att switcha energikälla mellan kolhydrater och fett är det vanligt att känner sig otroligt skarp i huvudet under förmiddagarna när ketonerna frisläpps (jag gör det iaf).

Jag är alltid lite hungrig under fastan, men jag tradar gärna lite hunger mot mental skärpa och produktivitet.

Lite hunger är hur viktkontroll känns!

Skala upp

Helt ärligt så brukar den första till två första veckorna suga. I början är du ovan och din kropp kommer strejka en del, men det är mest ett mentalt spel.

Du kan också börja smått genom att till exempel flytta fram frukosten en timme i taget tills du är framme vid lunch. Men jag rekommenderar dig att ta detta som ett tillfälle att visa för dig själv att du har disciplin och mental styrka. Håll dig stark, följ strategin och drick vatten när du är hungrig.

Jag har även märkt att det brukar ta en till två veckor för kroppen att slå om till en effektiv fettförbränning och tills jag får ut max effekt av kvicktänkthet under förmiddagen. Även hungern är en vana som tenderar minska om du bara tar dig igenom första två veckorna.

Längre fasta

Vid längre fasta visar forskningen på ännu fler fördelar, bland annat förbättrad insulinkänslighet, djupare autofagi och förnyelse av immunsystemet.

Fördelar av en lång fasta
- Förbättrad insulinkänslighet
- Förnyelse av immunsystemet
- Minskad inflammation
- Djup autofagi (cellreparation)
- Ökad mental klarhet och fokus
- Bättre tarmhälsa och matsmältning

Detta händer under en längre fasta som tex 100 timmar, testa när du vant dig vid kortare fastor, eller skala upp och gör en förlängd fasta en gång i månaden eller kvartalet - du kommer inte att dö.

Forskning har visat att följande händer i kroppen vid en förlängd fasta på 100 timmar där du bara får dricka vatten, te eller kaffe (utan mjölk) Själv är jag tillräckligt nördig för att tycka att det här är riktigt cool:

0-12 timmar

- Kroppen använder den energi som finns i systemet från senaste måltiden.
- Insulinnivåerna börjar sjunka.
- Levern lagrar och börjar frigöra glykogen (lagrad glukos) för energi.

12–24 timmar

- Glykogennivåerna minskar, och kroppen börjar använda fettreserver som energikälla.
- Ketoner börjar bildas, vilket kan ge en ökad mental skärpa.
- Autofagi (celler börjar bryta ner och återvinna skadade delar) aktiveras.

24–48 timmar

- Ketos ökar och fettförbränningen tar över som primär energikälla.
- Tillväxthormon ökar, vilket skyddar muskler och stimulerar cellförnyelse.
- Autofaginivåerna ökar ytterligare, vilket kan bidra till cellreparation och avgiftning.
- Insulin sjunker till låga nivåer, vilket förbättrar insulinkänsligheten.

48–72 timmar

- Immunförsvaret förbättras genom att gamla vita blodkroppar ersätts med nya.
- Mitokondrierna blir effektivare, vilket ökar energiproduktionen.
- Autofaginivåerna når en topp, vilket kan bidra till långsiktig cellhälsa och skydd mot sjukdomar.
- Inflammation i kroppen minskar.

72–100 timmar

- Stamcellsproduktionen ökar, särskilt inom immunsystemet.
- Tarmhälsan förbättras genom att skadliga bakterier minskar och tarmceller förnyas.
- Proteinsparande mekanismer gör att kroppen bevarar muskler och endast bryter ner skadade eller onödiga proteiner.
- Kroppen kan uppleva en ökning av mental skärpa och energi på grund av högre ketonnivåer.

Efter 100 timmar – Återgång till mat

- Det är viktigt att bryta fastan försiktigt med lättsmält mat (t.ex. buljong, avokado eller kokta grönsaker) för att undvika matsmältningsproblem.
- Insulinnivåerna ökar långsamt när kolhydrater återintroduceras.
- Kroppen kan ha ökad känslighet för näringsupptag, vilket gör att mat efter fastan kan ha en större effekt än vanligt.

Starta:
Om du inte vet hur du ska börja, så följ mitt egna dagsschema ovan som inspiration. Precis som alla strategier gäller det att bara sätta igång. Forma strategin senare när du lärt dig grunderna så att den passar din egen livsstil.

Sömn och återhämtning – nyckeln till framsteg

"En bra dag börjar natten innan."

Tänk dig att vakna utvilad, med ett klart sinne och en kropp som känns redo för vad som helst. Det är ingen slump – det är resultatet av en riktigt god natts sömn. Sömn är inte bara en paus från dagen, utan din kropp och hjärnans chans att ladda om, repareras och förbereda dig för nästa steg i din hälsoresa.

Varför sömn är din superkraft
Sömn är ingen lyx, utan en nödvändighet. När du sover händer massor i kroppen, som till exempelt:

Muskler repareras
Träning bryter ner, sömnen bygger upp. Utan tillräcklig vila tappar du en del av de vinster du gör i gymmet.

Immunsystemet stärks
Sömn är kroppens försvar mot sjukdomar.

Hjärnan rensas
Under natten bearbetar hjärnan dagens intryck och sorterar minnen.

Brist på sömn leder till sämre koncentration, högre stressnivå, större skaderisk och ökat sug efter skräpmat. Studier visar att redan en enda natt med dålig sömn kan påverka både blodsocker och humör. Själv märkte jag

171

stor skillnad när jag jobbade för mycket och sov för lite. Jag var trött, grinig, orkade inte träna och misskötte min koststrategi.

Skriv ner hur du känner dig efter 6 timmars sömn jämfört med 8. Den skillnaden är din motivation till att prioritera sömnen.

Regelbundna rutiner och sömnkvalitet

En bra dag börjar kvällen innan. Det handlar om mer än bara antal timmar i sängen – kvaliteten är lika viktig och den börjar med dina dagliga vanor.

Konsekvent läggtid

Kroppen älskar rutiner. Gå och lägg dig vid samma tid varje kväll för att synka din inre klocka.

Undvik skärmar sent

Blått ljus från mobiler och datorer hämmar melatonin. Stäng av 30 minuter innan läggdags och/eller använd blå ljusblockerande glasögon.

Svalt och mörkt

Håll sovrummet svalt och använd mörkläggningsgardiner. När min fru är frusen använder jag ibland bara ett tunt lakan för att kunna frigöra värme själv.

Lugnande ritual

Läs en bok, drick örtte (utan koffein), gör en kort stretch eller andningsövning för att varva ner.
Skapa en kvällsrutin och testa den i en vecka.

Du har säkert ett alarm för att vakna – ställ ett alarm även för läggdags!

"Din kropp viskar när den är trött. Lyssnar du inte, kommer den till slut att skrika."

Vi tror ofta att ständig aktivitet är tecken på produktivitet, men utan återhämtning riskerar du att köra dig själv i botten. Sömn är en del av detta, men även aktiv vila:

Vilodagar är strategiska
Ingen träning är ibland den bästa träningen – muskler växer när du vilar.

Aktiv återhämtning
Lätt yoga, promenader eller stretching håller igång blodflödet utan att belasta kroppen för mycket.

Tecken på överbelastning
Kronisk trötthet, dåligt humör, stelhet – kroppen säger "bromsa".

Sömnens koppling till energi och välmående
Sömn påverkar mer än du tror. Kanske har du vaknat efter en dålig natt och känt dig jättesugen på sötsaker? Det är inte en slump – sömnbrist rubbar hormoner som ghrelin och leptin, vilket styr hunger och mättnad. Du blir mer sugen på snabba kolhydrater och mindre benägen att träna.

Tvärtom så blir du efter 7–9 timmars sömn piggare, mer motiverad och beslutsför. Sömn är också en

stressbuffert. När du är utvilad hanterar du motgångar
bättre och endorfinerna från träning har större effekt.

Praktiskt tips!
Testa att sova 30 minuter extra en natt och se hur det
påverkar din energi dagen efter.
Testa öronproppar och sovmask.

Vanliga sömnfällor och hur du undviker dem

Kaffe sent på dagen
Koffein har vanligtvis en halveringstid på 5-6 timmar.
Undvik därför koffein efter kl. 16.00 (eller liknande).
Koffein har en tendens att minska kvaliteten på din
sömn.

Stress innan läggdags
Undvik jobbmejl eller intensiva samtal sent på kvällen.

Oregelbundna tider
Att sova ut för mycket på helgen kan störa rytmen.
Försök hålla dig inom max en timmes skillnad från
vardagarna.

Tips!
Har du svårt att somna, prova en andningsövning:
andas in 4 sek, håll 4 sek, andas ut 4 sek. Upprepa 10
gånger eller efter önskemål. Testa även lugn musik eller
avslappningsljud.

Gör sömn till din prioritet

"Sömn är den bästa meditationen,"

Sa Dalai Lama, och han har rätt. Det är din chans till omstart varje dag. Se sömn som en investering i ditt bästa jag. Prioriterar du sömn får du kraft att hålla i dina andra hälsovanor, som träning och kost.

Den extra timmen du sover ger du igen i effektivitet och energi nästa dag.

Tänk efter
Vad är din nuvarande läggtid? Hur kan du justera den för att få 7–9 timmar sömn?

Välj en kvällsvana: Stäng av skärmarna i god tid, läs en bok, fokusera på andningen och se hur det påverkar din energi.

Styrketräning – din biljett till ett starkare liv

Föreställ dig att kunna bära hem matkassar utan ansträngning, springa uppför trappor utan att bli andfådd eller bara känna dig självsäker i din kropp – oavsett ålder. Styrketräning är inte bara för bodybuilders eller unga atleter, utan en superkraft som alla, män som kvinnor, kan och bör använda.

Varför styrketräning är en gamechanger

Det handlar inte bara om muskler, utan om investering i hälsa, energi och livskvalitet:

Bevarar muskelmassa

Från 30-årsåldern förlorar vi 3–5 % muskelmassa per decennium (sarkopeni). Styrketräning bromsar eller vänder den processen.

Stärker skelettet

Både män och kvinnor riskerar benskörhet. När du lyfter vikter belastar du skelettet, vilket stimulerar bentillväxt.

Boostar ämnesomsättningen

Muskler förbrukar mer energi än fett, även i vila. (Även om denna ökning kan vara marginell om du inte lägger på dig extremt mycket muskler.)

Förbättrar hållning och rörlighet

Starka muskler runt ryggraden ger bättre hållning och minskar risken för skador och smärta.

Därför behöver både män och kvinnor styrketräning

För kvinnor

Med åldern, speciellt efter klimakteriet, sjunker östrogen, vilket påverkar muskler och ben negativt. Styrketräning motverkar detta och kan lindra symtom som värmevallningar och humörsvängningar.

För män

Testosteronnivåerna minskar gradvis från 30-årsåldern, vilket leder till mindre muskelmassa och energi. Styrketräning stimulerar testosteronproduktionen naturligt.

Vad händer när vi skippar styrketräningen?

Svagare muskler

Enkel vardag som att resa sig ur en stol blir jobbigare.

Sämre balans

Ökad fallrisk.

Minskad energi

Lägre förbränning och tröttare dagar.

Ökade skador

Svaga muskler skyddar inte lederna lika bra.

Vill du kunna leka med barnbarnen när du är 70–80 år, eller vill du sitta still med värkande leder? Styrketräning är din försäkring för ett aktivt liv, oavsett ålder.

Kom igång – enkelt och hållbart

Sätt igång bara och skala upp. Planera in din träning i kalendern och låt den bli en del av din livsstil. Du behöver identifiera dig som en person som har träningen som en naturlig del av livet varje vecka.

Steg ett (Nybörjare)
Använd kroppsvikten – squats, armhävningar, plankor. 2 pass/vecka à 15–20 minuter räcker som start.

Steg två
Lägg till lätta hantlar eller gummiband, knäböj med vikt, axelpress.
Grundövningar: Knäböj, marklyft och bänkpress är exempel på baslyft.
Frekvens: 2–3 pass/vecka räcker för underhåll.

Steg 3
Öka antalet pass och fokusera på att lyfta tyngre om du vill bygga muskler som syns.

Tips för äldre
Börja lätt och fokusera på teknik. Muskler kan växa i alla åldrar.

Exempel på träningsupplägg
Jag kör ofta ett schema där jag går igenom hela kroppen på tre dagar. Ofta hinner jag då gå igenom kroppen två gånger per vecka om jag kör sex pass i veckan.

Du kan börja med tre dagar i rad med lätta vikter, vila 1–3 dagar och sedan upprepa. Eller köra tre dagar, vila en, och börja om. Då tränar du varje muskelgrupp två gånger i veckan.

Försök öka vikter eller antal repetitioner varje vecka.

Skicka ett DM till mig på Instagram eller maila mig via hemsidan om du vill ha mitt träningsprogram.

Tre vanliga myter om styrketräning:

1. "Kvinnor blir bulkiga"
Nej, kvinnors testosteron är för lågt för att bygga "stora" muskler snabbt. Du blir mest tonad och stark.

2. "Det är för sent efter 50"
Forskning visar att även 80-åringar kan bygga muskler. Aldrig för sent!

3. "Jag måste träna varje dag"
Nej, 2–5 pass i veckan med vila emellan räcker långt.

Konditionsträning i andra hand
Kondition är toppen för hjärtat och lungorna, men det räcker inte för att hålla dig stark. Styrketräningen är grunden – komplettera gärna med löpning, cykling eller promenader om du vill. Men för att förbli funktionell och självständig är det styrketräningen som gör störst skillnad, särskilt med stigande ålder.

Träningens påverkan på vikten
Många blir förvånade när de hör att träningen bara står för cirka 10 % av de kalorier du förbränner..
Det mesta av våra förbrända kalorier går åt till kroppens vitala funktioner och vardagsrörelse. Träningen kan

dock bli den sista lilla biten som får dig i kaloriminus när du vill gå ner i vikt.

Praktiskt tips:

- Planera in din träning i kalendern, precis som ett viktig möte.
- När du väl är på gymmet – ge allt med hög intensitet.
- Gå alltid till failure, dvs utför alltid maximalt med övningar tills du inte orkar en enda till. Det betyder att du sikar in dig på 10 reps men har energi kvar slutar du inte utan du pushar vidare till 11, 12, 13. Sedan höjer du vikten tills du max klarar 10 med en högre vikt, det är så utveckling sker.
- Kör drop sets för att maximera muskelutmattning.
- Öppna inte sociala medier under träningspasset.
- För mig klarnar tankarna när jag tränar, jag skriver ner tankar och nyckelord i mobilen för senare bearbetning.

"Satsa på din hälsa NU, eller spendera tid och pengar på att bota din ohälsa senare"

Disciplin och viljestyrka

Dessa två är helt avgörande för att du ska lyckas, oavsett om målet är viktnedgång eller något annat. Du vet säkert redan att tydliga mål och en stark självbild är viktiga, men det är inte alltid tillräckligt.

Morgon-jag och kvälls-jag

Det är vanligt att ha stark viljestyrka på morgonen och en betydligt svagare variant på kvällen. Under morgonen är hjärnan utvilad och vår självkontroll på topp. Men ju längre dagen går, desto mer "mentala muskler" förbrukas (varje nej till kakor eller försök att fokusera på jobbet tär på viljan). Framåt kvällen har vi ofta fattat hundratals små beslut och är lättare att locka med små frestelser. Fenomenet kallas ibland "beslutströtthet" eller *ego depletion*.

Lösning

Låt morgon-jaget planera dina matvanor, så att kvälls-jaget inte behöver ta nya beslut när viljan är som svagast.

Lek med tanken att kvälls-jaget inte har mandat att ändra i kostplanen. Om inget är förberett av morgon-jaget, ska kvälls-jaget bara "foga sig". Behöver något ändras, kan du ta upp det nästa morgon med den bättre och mer viljestarka versionen av dig själv (ditt morgon-Jag).

Mindgames

Allt vi gör är i någon mån tankelekar. Ändra dina tankar och du förändrar ditt liv – inte på sekunden, men över tid.

Försök se din personlighet och dina vanor lite utifrån. Att testa detta en vecka och uppmärksamma hur viljekraften varierar kan ge värdefulla insikter. Bygg system och sätt upp en standard för dig själv där ditt starka jag bestämmer över ditt svagare jag.

Din hälsoresa i fyra nivåer

Att skapa hållbar hälsa är som att bygga ett hus – du börjar med en stadig grund och lägger sedan till mer avancerade delar.
Nedan följer en enkel nivåindelning:

Nivå 1: Grundläggande hälsa

Sömn 7–9 timmar
Ger återhämtning och stabiliserar hormonbalansen.
Näringsrika livsmedel
Grönsaker, frukt, bra proteinkällor och hälsosamma fetter.
Regelbunden fysisk aktivitet
Dagliga promenader, enklare styrkeövningar eller något du tycker är kul.
Syfte
Bygga en stabil grund för hälsa och orka med vardagen.
Lägger basen för mer avancerade steg.

Nivå 2: Fördjupning i hälsa

Rätt vitaminer och mineraler
Kolla ditt blodvärde, komplettera vid behov.
Stresshantering
Meditation, andningsövningar, korta pauser.
Hydrering
2–3 liter vatten/dag.
Mental hälsa
Reflektion, umgänge med vänner, våga säga nej, rensa bort brus (t.ex. negativa nyheter).
Syfte
Fördjupa vardagen och täppa till "läckor" i hälsan. När kost, mikronutrienter som vitaminer, stress och vätskebalans är i fas får du mer energi.

Nivå 3: Optimering av hälsa

Avancerade koststrategier
T.ex.räkna kalorier och periodisk fasta.
Sömnkvalitet
Optimering av sovrutin, svalt rum, inga skärmar sent etc.
Hormonbalans
Fokus på insulin, kortisol, testosteron m.m.
Kroppsscanning och uppföljning: Mät fettprocent, muskelmassa regelbundet för att justera kost och träning.
Syfte

Du har en stark grund och bra rutiner. Nu vill du finslipa detaljerna och anpassa strategierna för din kropp.

Nivå 4: Livsstilsoptimering

Effektiv tidsstyrnin
Balansera jobb, träning, familj och fritid.
Funktionell träning
Helkropps och balansövningar som underlättar vardagen.
Syn på kropp och själ
Mental träning, känslomässig hälsa och andlig utveckling i symbios med fysisk träning.
Livslångt lärande
Fortsätt vara nyfiken, testa nya träningsformer och näringsstrategier.
Syfte
Integrera hälsa i hela din livsstil, från dagliga vanor till tankemönster, för långsiktig energi, glädje och balans.

Oavsett om du är på Nivå 1 eller redan nosar på Nivå 4 sker utveckling stegvis. Du behöver inte hoppa in i avancerade metoder innan grunden är stabil. Börja där du är och fira dina framsteg. Utforska och anpassa, så blir hälsan både hållbar och meningsfull.

Detta har du lärt dig

Du har fått en helhetsbild av hur hälsa, kost och träning hör ihop och påverkar din energi och ditt välmående. Grunden är att prioritera rätt mat, regelbunden rörelse och bra återhämtning, eftersom de tre områdena tillsammans skapar en hållbar livsstil.

En av de viktigaste insikterna är att hälsa inte är någon lyx, utan en investering i din framtid. Genom att välja näringsrik mat och balansera ditt kaloriintag undviker du onödig viktuppgång och höga blodsockersvängningar som sänker din energi och livskvalitet. Små justeringar i vardagen, som att byta ut pasta mot sallad eller att planera dina måltider i förväg, kan göra stor skillnad över tid.

Träningen handlar inte bara om att bygga muskler – den bygger också mental styrka och disciplin. Att röra sig regelbundet, även i kortare pass, höjer snabbt humöret och motverkar stress. Styrketräning hjälper dig dessutom att bibehålla en stark fysik genom livet, vilket ger ökad livskvalitet även på äldre dar.

Du har också fått upp ögonen för hur sömnen fungerar som en superkraft. Tillräckligt med vila ger både kroppen och sinnet utrymme att återhämta sig och gör det enklare att hålla fast vid sunda vanor. Utan bra sömn ökar risken för stress, sug efter onyttigheter och sämre träningsresultat.

Slutligen har du lärt dig att rätt mindset och långsiktigt tänk är avgörande för att lyckas. Små steg varje dag, tydliga mål och god självkännedom är nycklarna till att skapa hållbara vanor som verkligen förändrar ditt liv. Nu är det upp till dig att ta de första stegen! Den bästa tiden att börja är **nu**.

Skriv ner en konkret förändring du kan börja med redan i dag – och gör den till en vana!

Ta ansvar för din hälsa och din energi

"Många lägger inget fokus på sin hälsa, tills de blir sjuka; då är hälsan det enda som spelar roll."

Låt inte det bli din historia. Det finns ingen bättre tid än nu att investera i dig själv. Varje träningspass, varje nyttig måltid och varje god natts sömn är steg mot en starkare, friskare och gladare version av dig själv. Se det som en resa, med både toppar och dalar, där varje steg ger nya insikter och nya lager av styrka och karaktär.

Lycka till på din resa mot bättre hälsa, mer energi och djupare välmående! Du förtjänar att må riktigt bra, och med rätt verktyg, rätt mindset och kontinuerliga små steg i rätt riktning kan du skapa en livsstil du verkligen trivs med – både inuti och utanpå.

Coaching
Om du inte redan är en del av mitt 1:1-coachingprogram

så lägger jag där upp skräddarsydda, stegvisa planer för mina klienter.

Välkommen att boka ett kostnadsfritt, förutsättningslöst möte med mig för att se om det kan vara rätt för dig, och ge dig en extra skjuts mot din framtida goda hälsa och framgång.
Boka här: www.johnlonn.com/boka

NU KÖR VI!

RELATIONER
BETEENDE
UTSEENDE

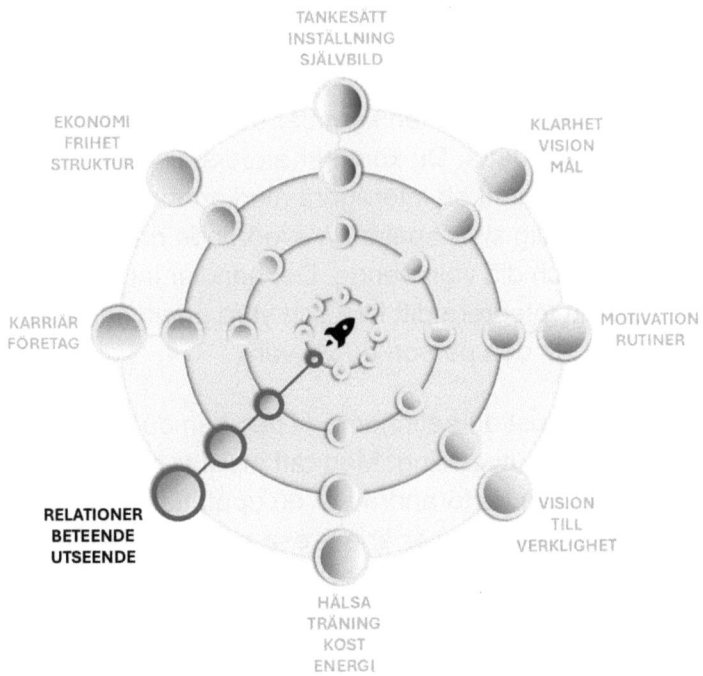

TANKESÄTT
INSTÄLLNING
SJÄLVBILD

EKONOMI
FRIHET
STRUKTUR

KLARHET
VISION
MÅL

KARRIÄR
FÖRETAG

MOTIVATION
RUTINER

**RELATIONER
BETEENDE
UTSEENDE**

VISION
TILL
VERKLIGHET

HÄLSA
TRÄNING
KOST
ENERGI

"Relationer är inte bara en del av livet
– de är kärnan i livet."

Föreställ dig en version av dig själv som utstrålar trygghet, energi och autenticitet. En person som omges av starka relationer, rör sig med självklarhet i varje rum och bemöts med respekt och intresse. Vad skulle det innebära för ditt liv om du kunde bygga och fördjupa relationer med lätthet, kommunicera med övertygelse och framstå som den bästa versionen av dig själv – både inifrån och ut?

I den här delen av boken kommer du att få verktyg för att skapa just detta. Du kommer att förstå varför ditt beteende, ditt sätt att interagera med andra och hur du presenterar dig själv spelar en avgörande roll för din framgång och ditt välmående. Det handlar inte om yta, utan om att integrera ditt inre och yttre på ett sätt som gör att du blir den person du vill vara.

Oavsett var just du befinner dig i dag kan du ta kontroll över din egen utveckling. Med rätt insikter och handlingar kan du förändra hur du uppfattas – av andra och av dig själv. Det här är en resa som kan förändra allt.

Varför relationer, beteende och utseende spelar roll

En helhetssyn på ditt välmående
Att må bra handlar inte bara om att äta rätt och träna regelbundet. Det finns en djupare dimension i hur vi interagerar med omvärlden och hur vi ser på oss själva. Våra relationer, vårt beteende och vårt yttre utgör tillsammans en viktig helhet. När dessa tre delar samspelar på ett balanserat sätt, stärker de inte bara vår självkänsla utan också vår fysiska och mentala hälsa.

> *"Du är summan av de fem personer du spenderar mest tid med."*

Genom att omge oss med människor som stöttar, peppar och utmanar oss på ett hälsosamt sätt får vi den energi och motivation vi behöver för att ta hand om oss själva – både inifrån och ut.

En transformationsresa
I det här kapitlet av boken kommer vi att ta upp vanliga utmaningar som kan hålla oss tillbaka i våra relationer, vårt beteende och vårt utseende, för att sedan visa hur man kan vända varje hinder till en möjlighet. Varje kapitel bygger vidare på det förra, så att du steg för steg kan växa i både insikt och praktik.
Som vanligt handlar mycket om att ändra vårt perspektiv och tankesätt.

Vanliga problem och hur du löser dem

Innan vi dyker djupare in i strategier och övningar kan det vara hjälpsamt att identifiera de vanligaste smärtpunkterna. Kanske känner du redan igen några av dem från ditt eget liv. Nyckeln här är att se varje problem som en möjlighet till förändring.

"Om du alltid försöker passa in, kommer du aldrig att sticka ut."

Rädsla för att bli dömd
Problem:
Du vågar inte visa ditt riktiga jag av rädsla för kritik.
Lösning:
Öva på självkärlek och autenticitet. Omge dig med personer som vill dig väl och som accepterar att du utvecklas och förändras med åren som du blir klokare och bättre. Kom ihåg att du inte kan kontrollera vad andra tänker, men du kan kontrollera hur du reagerar på det, samt vilka du väljer att umgås med.
Du är på en resa av personlig utveckling vilket kommer innebära att du antagligen kommer att separera dig från en del av dina gamla kompisar, det är okej.

Att inte sätta tydliga gränser
Problem:
Du säger "ja" fast du egentligen menar "nej" och känner dig utnyttjad eller stressad.
Lösning:
Identifiera dina gränser och standarder. Öva på artiga men tydliga sätt att kommunicera när något inte känns bra. Varje "nej" du säger till omvärlden är ett "ja" till ditt eget välmående och din egen agenda.

Konflikträdsla och obekväma samtal
Problem:
Du undviker konflikter och låter irritation gro i det tysta.
Lösning:
Se konflikten som en möjlighet. När du tar upp problemet tidigt och respektfullt minskar risken för stora känslostormar. Ställ dig frågan: "Hur kan vi lära oss något av detta?"

Bristande självkänsla och inre kritik
Problem:
Den negativa inre rösten hindrar dig från att ta chanser.
Lösning:
Skriv ner dina negativa tankar och motsäg dem med bevis på din egen förmåga. Påminn dig om dina framgångar och förmågor, hur små de än kan verka.

Osäkerhet kring kroppsspråk och utseende
Problem:
Du känner press på att se "perfekt" ut eller är osäker på
hur du uppfattas.
Lösning:
Fokusera på hållning, ögonkontakt och ett genuint
leende. Välj kläder och en stil som ligger i linje med din
framtidsvision av nästa version av dig. Då strålar du
automatiskt mer självförtroende.

Byggstenar för starka relationer

Relationer är en avgörande del av vårt välmående.
När de fungerar blir vår livskvalitet högre; när de inte gör
det påverkas både vår psykiska och fysiska hälsa
negativt.

Tacksamhet och små handlingar

> *"Tacksamhet bygger broar mellan*
> *människor."*

Att visa tacksamhet är ett enkelt men otroligt kraftfullt
sätt att fördjupa relationer. Ett tack, en komplimang eller
bara ett genuint leende kan vara skillnaden mellan en
ytlig bekant och en djup kontakt.

Gör det lilla extra: Skicka ett kort meddelande, ring ett
oväntat samtal eller ge någon en varm kram.

Daglig tacksamhet: Skriv ner minst en sak per dag som du är tacksam för i dina relationer.

Aktivt och empatiskt lyssnande

"Lyssna inte för att svara,
lyssna för att förstå."

När du verkligen lyssnar på någon visar du att du bryr dig. Ställ öppna frågor och vänta några sekunder innan du svarar. Den lilla pausen gör det möjligt att ta in vad personen verkligen säger, i stället för att du direkt formulerar ditt eget svar.

Konflikter

"Konflikt är oundvikligt, men det är hur du
hanterar den som avgör styrkan i
relationen."

Konflikter behöver inte vara dåliga; de kan snarare vara en chans att förstå varandra bättre. Var öppen och ärlig, men håll en respektfull ton.
Fråga dig själv: "Hur kan vi växa tillsammans ur det här?"

Autenticitet och sårbarhet

"Relationer byggs inte på perfektion,
utan på sårbarhet."

Ingen uppskattar en fasad. När du vågar dela dina rädslor, drömmar och osäkerheter visar du att du litar på den andre personen. Den intimitet som uppstår skapar starkare band och djupare tillit.

Beteende och sociala färdigheter

Det vi säger är viktigt, men HUR vi säger det kan vara ännu mer avgörande. Ditt kroppsspråk, din röst och din energi påverkar hur andra uppfattar dig.

Kommunikationens kraft
Aktivt lyssnande och tydlig kommunikation är två viktiga fundament som du kan träna upp. Var konsekvent och låt dina handlingar matcha dina ord. Inget bryter ner förtroende så snabbt som när du säger en sak men gör något annat.

Modet att ta obekväma samtal

"Din framgång i livet är direkt proportionerlig
mot antalet obekväma samtal du är villig att
ta."

Att våga lyfta problem och prata om svåra ämnen är en av de mest transformerande saker du kan göra. Oavsett om det gäller en jobbförhandling, en vänskapskonflikt eller en familjemedlem som sårat dig – kliv fram. Det är bättre att prata om det än att låta det skava i tysthet. Om du känner dig osäker - skriv ner vad du vill ha sagt och ta med dig manuset in, det är ok att läsa upp eftersom det är viktigt.

Utseendets roll - mer än bara yta

"Ett första intryck skapas på bara några sekunder, men kan påverka en relation för livet."

Första intrycket
Så snart du kliver in i ett rum börjar andra människor, medvetet eller omedvetet, bilda en uppfattning om dig. Det handlar inte om att du måste vara "snyggast i lokalen", utan om att utstråla energi, självsäkerhet, professionalitet och respekt.

Kroppsspråket talar ibland högre än ord. Öva framför spegeln och se hur du ser ut när du ler eller hälsar. Vilken energi vill du förmedla? Se till att din hållning är rak, dina armar öppna och att du har en varm ögonkontakt. Du har bara en chans till ett starkt första intryck, och de flesta dömer dig snabbt om du inte ens kan framföra dig själv korrekt.

Ett gott första intryck kan beskrivas så här:

- Välklädd
- God hållning
- Skarp och lugn blick över området
- Lugna och bestämda rörelser
- Stadig ögonkontakt
- Visa intresse för den du pratar med, ställ frågor och låt personen prata innan du pratar om dig själv.

Klädsel

"Dress to impress"

Välj kläder som både får dig att må bra och som passar för ändamålet, snarare än att slaviskt följa trender. Se till att dina plagg är rena, passar din kropp och speglar den person du vill vara.

Du har kanske hört uttrycket "Dress for success"? Det ligger något i det, för du kommer att bli dömd utifrån hur du är klädd. Nu kanske du tänker: "Det struntar jag i," men av erfarenhet är du smart om du klär dig för att imponera på just de personer du möter. Du har allt att vinna på det.

Folk kommer att se annorlunda på dig – mer seriöst och med uppfattningen att du bryr dig om även de små detaljerna. Du kan knappast vara för överklädd, men de flesta är snarare underklädda, vilket inte gynnar dem.

Jag har träffat många som sagt: "Jag vill ha den här skinnjackan med nitar för jag vill vara mig själv," eller "Jag vill ha en munktröja och mjukisbyxor för att det är bekvämt."

Detta är ett **rookie-misstag**.

Detta talar bara om en brist på både erfarenhet och självkänsla.

De som är street smart och vill komma någonvart klär sig för att signalera att de är seriösa, professionella och har koll.

Detta skapar dina bästa möjligheter framåt.

Det bästa sättet att få kläder att se snygga ut är dessutom att ha en någorlunda atletisk kropp och bra hållning, så att kläderna sitter välsittande och kompletterar dig, i stället för att dölja en tjock mage och dålig hållning som sänker helhetsintrycket.

Oavsett kläder skapar du i långa loppet din framgång genom din kunskap och karaktär, men första intrycket är ändå viktigt för många. Allt beror på vilken fas du är i livet och hur långt du kommit. Jämför inte din nuvarande nivå med någon som ligger 1000 nivåer framför dig. Personen som är många nivåer före har kanske byggt nätverk, framgång och respekt under många år, vilket gör att det spelar noll roll hur han eller hon klär sig. Vi ser många framgångsrika entreprenörer i T-shirt och jeans, men de har har tagit dig upp på en nivå där de på ett sätt förtjänat det. De redan bevisat sig och behöver inte imponera på någon.

Trappan uppåt fungerar oftast inte så att du kan hoppa över stegen. De har garanterat anpassat sin stil under vägen, när de klättrat uppåt på sina nivåer..

Stiltips för att positionera dig som seriös, professionell och medveten

- Ha minst tre skjortor: vit, ljusblå och svart, gärna med cut away-krage. De ska inte ha bröstficka och inte vara kortärmade. De ska sitta bra runt midja och armar, inte vara för bylsiga.
- Ha minst två kostymer i garderoben: svart, marinblå eller mörkgrå. Använd en näsduk i bröstfickan som färgaccent till din outfit, eller matchande med skjortan. Knäpp aldrig den nedersta knappen på kavajen.
Kostymen ska vara välsittande: Ärmarna får inte vara för långa och byxbenen ska inte vara för långa. Ta reda på hur en välsittande kostym ska sitta eller fråga en skräddare. En dåligt sittande kostym förstör hela intrycket.
- Du kan matcha både byxorna och kavajen med en mängd andra plagg.
- Föredra chinos eller finbyxor framför jeans; det är mer städat.
- Snusa inte, men om du gör det, förvara inte snusdosan i bakfickan eftersom den lämnar slitningar som ser slarvigt ut.
- Ha alltid rena skor. Är du välklädd men med smutsiga skor faller hela looken.

Detta är bara en bas, men du förstår vad jag menar: att positionera dig på ett sätt som andra upplever som seriöst och professionellt är alltid till din fördel.

Utvärdera var du står på din egen resa och vilken nivå du är på just nu. Ställ dig själv frågan: **Vilket första intryck skulle gynna dig bäst just nu, och agera därefter.**

Är du till exempel DJ eller har ett jobb där klädseln inte spelar någon roll kan du givetvis strunta i detta helt. Men jag pratar här till gemene man som gör karriär och behöver uppfattas som och agera professionellt för att kunna arbeta sig uppåt.

Och förresten, beter du dig som en arrogant skitstövel spelar så klart kläderna heller ingen roll.

Hårkontroll och självrespekt

Kvinnor är generellt bättre på hårkontroll än män som i vissa fall låter hår växa fritt från både näsa, öron och ögonbryn.

Föreställ dig två män bredvid varandra:

Den ena är välklädd och har bra hållning. Man kan se på hans utstrålning, kroppsform och ansikte att han håller sig i form, antagligen genom träning och kosthållning. Hans hår är propert och hans skägg är trimmat. Han har inga utstickande hårstrån från näsa eller öron, och han har en skarp blick – han ser helt enkelt **okej** ut.

Den andra mannen har jeans och en tröja. Hans hår är rufsigt, som om han var nyvaken. Hans skägg har vuxit ner på halsen, och från näsan sticker det ut ett par synliga hårstrån. I öronen ser man också små hårstrån sticka ut, och ögonbrynen är buskiga. Dessutom putar magen ut genom tröjan och han ser lite trött ut.

Ställer du upp 100 snygga kvinnor framför dessa två män, skulle 99 av dem troligen välja den första killen. Se till att du är den första killen **alla dagar i veckan**. Detta är ytligt, men kom ihåg att den verkliga världen är blixtsnabb att döma dig på avstånd. Även om den mindre attraktiva mannen är den mest charmiga, trevliga, roligaste osv så sorteras han vid första anblick bort, och så här fungerar tyvärr världen i många fall vilket är bra för oss att veta när vi vill hitta den snabbaste vägen framåt. **Det första intrycket är viktigare än vad du kan tro.**

Dessvärre, när man ser sig omkring är det förvånansvärt många – både män och kvinnor – som är slappa med sitt utseende, med uppenbart låg standard och ingen förståelse för vilken påverkan de har på folk runt omkring sig.

Höj din standard genom att fixa dig direkt på morgonen, så snart du klivit ur sängen. Det spelar ingen roll om du ska träffa någon eller inte – håll din egen standard hög och håll dig alltid fräsch. Ta ett par minuter, blöt ner håret med händerna, kamma dig och lägg i någon hårprodukt så att det ser bra ut. Kolla näsan, kolla öronen, raka dig eller trimma skägget och se till att raka halsen och den övre skägglinjen på kinden. Det tar inte många minuter att uppgradera ditt utseende avsevärt.

Genom att göra denna lilla rutin ser du mer pigg och alert ut och håller dig skarp. Så enkelt kan du undvika att bli slentrianmässig i ditt utseende och din framtoning – även när du varit gift med samma partner i 20 år.

Kroppsspråk

Sträck på dig. Håll huvudet högt. Dra ner på tempot när du går in i ett rum och titta dig lugnt omkring. Visa med hela din närvaro att du är bekväm i dig själv.

När jag var liten petade min pappa mig ofta mellan skulderbladen för att påminna mig om att sträcka på mig och ha korrekt hållning. Det har satt sig i mitt bakhuvud och hjälpt mig komma ihåg hur viktigt det är för hur du framställer dig själv. Jag gör numera samma sak med mina egna barn.

Hälsa som en kung

Jag har träffat hundratals människor som hälsar som en rädd hund – deras handslag är slappt och deras hållning är svag. Gör du det på en intervju är du borta direkt i min bok; vi behöver inte ens ha en intervju. Om du inte ens vet hur du ska hålla upp dig själv är sannolikheten låg att du kan hålla upp en del av mitt företag.

Du hälsar redan när du kliver in genom dörren eller in i rummet. Så här går det till:

1. Gå in i rummet med rak rygg.

2. Titta inte runt som en stressad hund; snegla i stället lugnt och metodiskt runt i rummet. Gör detta extra långsamt.

3. Rör dig långsamt in i rummet med kontroll, självsäker hållning och lugn blick.

4. När du rör dig mot den du ska hälsa på och ni får ögonkontakt, behåll din perfekta hållning och fortsätt lugnt och självsäkert. Din blick är fäst i mottagarens ögon. Du ler brett och lugnt.

5. Sträck fram handen och se till att få in den hela vägen till mottagarens tumme så att ni får ett stadigt grepp, med en lätt skakning.

6. Lyssna noga efter namnet på den du hälsar på, med fullt fokus på personen i stället för på vad du själv ska säga.

7. Svara: "Hej (Namn), jag heter John, trevligt att träffas."

8. Se personen i ögonen under hela den här tiden och titta inte bort förrän era händer släpper taget och ni

inte längre pratar (glöm inte att blinka så du inte stirrar, hehe).

Genom att upprepa personens namn när du hälsar visar du att du uppmärksammar det, att du är seriös, uppmärksam och skarp. Ge gärna en komplimang om du noterar något i personens klädsel, eller ställ en mer genomtänkt fråga än att prata om väder och vind.

Förslag på konversationsstartare
Här är några alternativ till meningslöst småprat om väder och vind:

- *"Vad är det bästa som hänt dig den här veckan?"*
- *"Vad är något du ser fram emot just nu, stort eller smått?"*
- *"Vad är det bästa rådet du har fått som du faktiskt använder?"*
- *"Vad är något du har testat nyligen som du gillade mer än du trodde?"*
- *"Vad är det roligaste du gör för att koppla av eller ladda om?"*
- *"Vad gör du när du inte är på ett sånt här event?"*
- *"Vad är något du har lärt dig på sista tiden som du önskar du vetat tidigare?"*
- *"Hur håller du dig i form?" (Om personen verkar fit)*
- *"Vad är ditt nästa steg?"*
- *"Har ni några resor planerade för året/sommaren?"*

Om du ska på ett ämnesspecifikt event, förbered dig genom att skriva ner ett par passande konversationsstartare i förväg. Alla människor har spännande historier att berätta, men ibland behöver man lirka lite för att komma åt det saftigaste och få folk att öppna upp dig.

"Du blir alltid intervjuad."

Tänk på att du i varje möte – oavsett om det är en formell anställningsintervju, ett affärsnätverk eller en vänskapskrets – bedöms utifrån helheten. Din hållning, din röst, din energi, ditt engagemang och hur du bemöter andra signalerar vem du är. Det är ingen slump att en positiv och professionell framtoning ger bra förutsättningar för goda relationer.

Jag har själv använt dessa enkla knep många gånger i min karriär och har blivit headhuntad vid ett par tillfällen, främst för att jag positionerar mig smart genom tips som dessa. Testa själv och se vilka oväntade möjligheter som öppnas för dig.

Leendets magi

"Ett ärligt leende är ditt starkaste verktyg."

Ett genuint leende, i kombination med ögonkontakt, visar öppenhet och värme. Det får andra att vilja komma närmare – både professionellt och privat. Koppla sedan ihop detta med bra kosthållning, träning och sömn (som vi pratade om i det förra kapitlet), så har du höjt dig avsevärt och satt din standard på en helt ny nivå.

Det kan ta ett par månader att skapa denna "nya person," men jag lovar dig att den som får ihop de här bitarna har många fler möjligheter i livet än den slappa, plufsiga och nyvakna personen som inte bryr sig om detaljerna för att de fått för sig att det inte spelar roll.

Samhället belönar dem som för sig och rör sig väl, är skarpa och professionella. Detta då dessa typer tenderar lättare öppna nya dörrar än andra.

Aktivt lyssnande.
Konsten att höra på riktigt

Tänk dig ett samtal där du inte bara hör orden, utan verkligen förstår vad personen bakom dem menar. Aktivt lyssnande är en superkraft som förvandlar ytliga snack till djupa möten – oavsett om det handlar om relationer, beteende eller hur vi presenterar oss själva. Det handlar inte om att bara vara tyst, utan om att visa att du bryr dig.

Nästa gång du pratar med någon, testa detta:

Låt personen tala klart
Håll tillbaka impulsen att avbryta, även om du har något

smart att säga.

Tystnad visar respekt.

Lyssna för att förstå

Släpp tanken på vad du ska svara och fokusera på deras ord, ton och känsla. Vad försöker de egentligen förmedla?

Sammanfatta vad du hört

Säg något i stil med: "Så du menar att.." eller "Jag hör att det är viktigt för dig att…". Det visar att du verkligen är med.

Ställ en uppföljande fråga

"Vad hände sen?" eller "Hur kändes det för dig?" Det håller samtalet levande och för det djupare.

Exempel: Om någon säger "Jag blir så stressad på jobbet," svara inte direkt med råd. Säg i stället: "Oj, det låter tufft. Vad är det som stressar dig mest?" Plötsligt öppnas ett helt annat samtal som kan leda till konstruktiva lösningar.

Vårt ego

När du lyssnar aktivt händer något magiskt: Personen känner sig sedd och hörd, vilket omedelbart skapar förtroende. Forskning visar att vi minns upp till 50 % mer av ett samtal när vi fokuserar på att förstå i stället för att planera vårt nästa svar. Plus att du själv lär dig mer – om deras relationer, beteenden eller hur de ser på sig själva. Det är en win-win.

Men det finns en fälla: vårt ego. Många av oss vill gärna hoppa in med lösningar eller visa hur mycket vi vet. Om du får kritik, även om den är konstruktiv, slår ofta försvarsmekanismerna på och taggarna åker ut för att skydda självkänslan. Aktivt lyssnande bryter den muren genom att visa att du inte är där för att döma, utan för att förstå.

Jag är själv snabb på att se lösningar, vilket ibland kan vara en nackdel när den som kommer med problemet mest vill bli hörd. När jag började lyssna på riktigt blev samtalen så mycket rikare, även om det kliar i hela kroppen eftersom jag bara vill lösa problemet och gå vidare genom processen vi talat om tidigare i boken. Jag vill alltid strukturera och "röja problem," vilket gör att jag har svårt för folk som kommer med problem utan att ha funderat på en lösning – särskilt om de inte verkar vilja hitta en lösning, utan mest vill klaga eller har en negativ inställning. Då blir personen enligt mig en **offerkofta**, och jag umgås inte med offerkoftor.

"Lejon umgås inte med får."

Med det sagt kan du inte vinna alla "strider." Ibland behöver du inse att du pratar med ett "får," och fåret kommer inte förstå vad ett lejon säger – hur länge du än argumenterar. Det är en fight du inte kan vinna, så lämna i stället samtalet utan att förvänta dig att du ska "vinna." Fåret förstår inte, det är som att prata med en vägg och det finns inget du kan göra åt saken.

Testa och märk skillnaden

Prova nästa gång du träffar någon – kanske på ett nätverksevent, i skolan eller på jobbet. Notera hur samtalet förändras när du lägger egot åt sidan och verkligen dyker in i deras värld. Om de säger "Jag har svårt att säga nej på jobbet," svarar du: "Så det känns som att du tar på dig för mycket? Hur hanterar du det?" Plötsligt pratar ni om beteende och relationer på en nivå som småprat aldrig når.

Efter ett samtal, skriv ner en sak du lärde dig i din anteckningsbok eller i mobilen. Det skärper ditt lyssnande nästa gång.

Lyssna dig till närhet

Aktivt lyssnande är inte bara en teknik – det är ett mindset. Det handlar om att ge någon din fulla närvaro, och i gengäld får du insikter och kontakter som lyfter både dig och den andre. Så nästa gång du står där med en ny människa framför dig, lyssna som om deras ord är guld. Du kommer att bli förvånad över hur mycket du faktiskt upptäcker.

Testa detta i ditt nästa samtal och notera:
Hur kändes det för dig?
Vad sa de som du inte hade väntat dig?

Din kärleksrelation

Alla tips och tankesätt ovan kan och bör du använda också i din kärleksrelation, även om den pågått i 10,20 eller 30 år. Jag är ingen relationsexpert, men jag har haft samma partner i 19 år, varav gifta i 13 år, och vi har två barn. Vi har utan tvekan gått igenom ett par utmaningar under våra år tillsammans.

Det traditionella rådet är att prata om kommunikation och vikten av att sätta upp gemensamma mål, så att ni har något gemensamt att sträva efter.

Rå verklighet: I Sverige spricker ungefär **var tredje vigsel** förr eller senare. Att skylla på ödet är bekvämt – men bekvämlighet är en del av problemen.

När vi slutar sträva framåt, när soffan, snacksen och "jag-orkar-inte-idag" blir standard, förfaller inte bara kroppen utan också den mentala relationen. Två personer som en gång tände på varandras energi kan hitta sig själva på helt olika våningar i livet, speciellt om du nu är på väg att bygga upp dig själv mental såväl som fysiskt – medan den andra bygger soff-avtryck.

Missförstå mig rätt: du behöver varken magrutor eller catwalk-högklackar för att rädda ett äktenskap. Det som räknas är **drivet** – känslan av att du tar hand om dig själv, att du vill någonstans och att du drar med din partner på resan i stället för att dra ned er båda i vardags-träsket.

Och nej, ditt glow garanterar inte evig trohet. Otrohet är alltid ett val – den som sviker bär skulden. Men låt oss vara ärliga: det är svårare att tappa blicken mot horisonten när du står mitt framför någon som strålar av både självdisciplin och livsgnista.

Rådet är enkelt: **Förbli någon som din partner – och du själv – inte kan låta bli att beundra.** Slapphet är valfritt. Så välj något bättre.

Därför pratar jag så många gånger i boken om vikten av att ta steg i RÄTT riktning, att göra de rätta valen och att utmana dig själv att gå utanför komfortzonen så att du kontinuerligt utvecklas.

Du är just nu på väg framåt. Du läser den här boken av en anledning, och det är för att du vet att du är värd mer i livet.
Efter den djupdykning vi håller på med kommer du långsamt ändra perspektiv och förhoppningsvis öppna upp ditt sinne för större möjligheter i livet.

Om din partner inte förstår din resa
Så, vad händer om du börjar den här resan och din partner inte förstår vad som pågår? När du tar tydliga steg framåt mentalt kommer det ganska snabbt att speglas i din yttre verklighet, så du har en skyldighet att

prata med din partner och berätta om din resa framåt, kanske hänger han eller hon på.

Kommunikation

Förbered dig genom att skriva ner vad du vill, hur du känner och varför det är viktigt för dig. Gör det utifrån din egen resa (klanka inte ner på din partner för att hon eller han inte gör samma). Berätta hur du känner om din personliga utveckling och vart du vill.

Ta upp exemplet ovan, eftersom det är en vanlig anledning till att man glider isär, och du vill inte att det ska hända er. Antingen blir din partner nyfiken och vill hänga på din resa, vilket är perfekt. Om hon eller han inte visar något större intresse just nu, behöver det inte vara hela världen. Kanske ser din partner möjligheterna först när resultaten av din utveckling faktiskt börjar synas, led vägen genom att visa resultat.

Våga leda framåt utan yttre stöd. Låt inte din framfart och din tro på att du kan ta dig framåt dikteras av människorna omkring dig.

> *"Du kan inte förvänta dig att alla runt omkring dig ska dela din vision."*

Om du under en längre tidsperiod gör förändringar och känner att du tagit många steg framåt, medan din partner tydligt inte är intresserad av att ta kliv i rätt riktning och fortsätter att "sunka ner sig," kan det tyvärr vara ett tecken på att ni kanske bör gå skilda vägar. Om

212

du ska lyfta och nå din fulla potential måste du undvika det mesta som håller dig tillbaka.

Livsbalans mellan jobb, privatliv och familj

Jag har lärt mig under de år jag pushat framåt i karriären och med min egen personliga utveckling att det inte finns någon **perfekt** jobb-/livsbalans. Ibland behöver du pusha hårdare, ibland kan du släppa taget lite och göra annat. Livet är inte en rak linje, och därför vill jag avdramatisera snacket om livsbalans en aning.

Det kommer perioder där du behöver sprinta. Låt då inte en idealbild av vad du "borde göra" hindra dig från att nå din fulla potential. Under de perioder du behöver sprinta för att nå nästa nivå gör du ett par saker annorlunda jämfört med din omgivning:

1. Meddela din familj om vad du behöver göra och be om deras förståelse.
2. Planera dina dagar och veckor ännu mer noggrant.
3. Gör checklistor på dina To-Dos och genomför dem utan ursäkter.
4. Välj bort saker som distraherar dig, som att titta på Netflix när du egentligen inte har tid.
5. Prioritera det som tar dig framåt snabbast möjligt under din sprint.

Ditt bästa jag - inifrån och ut

"Relationer handlar inte om att hitta rätt
person, utan om att vara rätt person."

När du investerar i din egen utveckling smittar det av sig
på dina relationer och den energi du tar med dig ut i
världen. Att ta hand om både ditt inre (självkänsla,
mindset, beteende) och ditt yttre (utseende,
kroppsspråk, hälsa) skapas en synergieffekt som leder
till ökade möjligheter – både i privatlivet och i karriären.

- Relationer blir djupare och mer meningsfulla.
- Beteende präglas av äkthet och mod.
- Utseende förstärker din personlighet snarare än
  döljer den.

Kom ihåg att förändring sällan sker över en natt, men att
varje litet steg är ett steg i rätt riktning. När du tar hand
om dina relationer, kommunicerar med tydlighet och
respekt och värnar om ditt yttre, förvandlas du till en
kraftfull och genuin individ. I mötet med andra skapar du
ringar på vattnet – du inspirerar fler att göra samma sak.

"Små, konsekventa handlingar i vardagen
är det som leder till stora förändringar över
tid."

Ta nu med dig dessa insikter och börja göra dem till en
del av din vardag. Var inte rädd för att misslyckas – du
bör snarare räkna med det när du tar dina stora kliv

framåt. Ibland blir kliven lite klumpiga, och det är okej.
Varje misstag är en chans att lära och växa.

Du är på väg mot en tillvaro där dina relationer
blomstrar, ditt beteende präglas av självförtroende och
din yttre framtoning blir en naturlig återspegling av den
du är inuti.

Detta har du lärt dig

Du har nu sett hur **relationer, beteende och utseende**
tillsammans skapar en stark grund för både ditt
personliga välmående och din framgång. Allt hänger
ihop: när du utvecklar dig själv inifrån och ut, påverkar
det hur andra uppfattar dig och vilka möjligheter som
öppnar sig.

Relationer
Genom att vårda dina relationer med tacksamhet,
lyhördhet och tydliga gränser skapar du djupare band
och slipper onödiga konflikter. Att våga vara sårbar och
autentisk stärker förtroendet mellan dig och dina nära.
Du blir också mer medveten om hur människor omkring
dig antingen lyfter eller tynger dig, vilket gör att du kan
välja din omgivning klokt.

Beteende
Aktivt lyssnande, mod att ta obekväma samtal och att
våga sätta dina behov främst är nycklar till att utveckla

en trygg och övertygande social förmåga. När dina handlingar stämmer överens med dina ord skapar du förtroende och respekt. Små, konsekventa steg i vardagen – som att hålla en hög standard i din närvaro och kommunikation – får dig att växa.

Utseende

Ditt första intryck skapas på några sekunder, och allt från kroppsspråk och hållning till klädval och grooming sänder signaler om vem du är. Genom att ta hand om dig själv, både fysiskt och mentalt, och välja en stil som speglar din framtidsvision visar du omvärlden att du menar allvar.

Kort sagt har du lärt dig att medvetenhet kring hur du relaterar till andra, hur du för dig och hur du presenterar dig själv kan höja din standard och öppna dörrar, oavsett var du befinner dig i livet. Nu är det dags att sätta kunskapen i praktik och ta nästa steg på din resa!

Den kunskap du har fått här är en plattform att bygga vidare på. Nu är det dags att omsätta den i praktiken.

Vilket första steg ska du ta i dag?

Lycka till på din fortsatta resa mot starkare relationer, genuint självförtroende och ett välmående som strålar – inifrån och ut!

NU KÖR VI!

KARRIÄR
FÖRETAGANDE

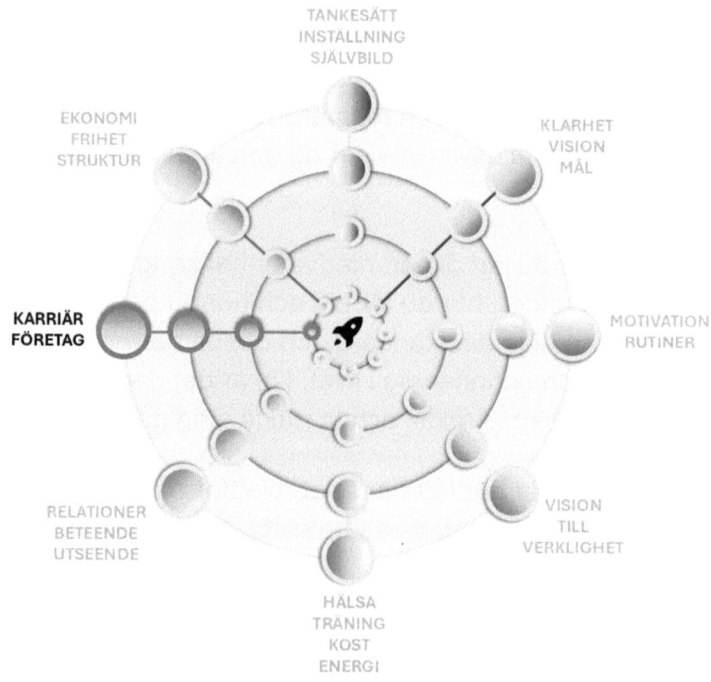

Vägen mot en hållbar karriär och framgångsrikt företagande

Tänk om nyckeln till din framgång inte ligger i fler timmar av hårt arbete, utan i hur du tänker, agerar och skapar rätt förutsättningar?

Har du någon gång känt att din karriär eller ditt företagande inte riktigt tar fart – trots goda idéer, hårt arbete och stora ambitioner?
Har du funderat på hur vissa organisationer konsekvent lyckas attrahera rätt personer, leda dem med tydlig vision och nå resultat som överträffar alla förväntningar?

I detta kapitel får du verktyg för att bryta igenom begränsningar, attrahera rätt möjligheter och forma en karriär eller ett företag som inte bara överlever – utan också blomstrar.

Oavsett om du är anställd, ledare eller entreprenör, kommer du upptäcka hur rekrytering, ledarskap, strategi, kreativitet och personlig utveckling kan knytas samman till en helhet.
Även om du inte arbetar med alla detaljer i detta kapitel kan det vara avgörande att ha koll på hur olika delar av din potentiella karriär eller företagande runt omkring dig i många gånger fungerar.

Karriär handlar inte om tur. Det handlar om strategi, mindset och handling.

"Framgång är inte en slutpunkt, utan en kontinuerlig resa av lärande och handling."

Programmera dina tankar för att tjäna pengar

För att kunna bryta igenom ekonomiska begränsningar och verkligen höja din lön eller inkomst krävs framför allt ett starkt inre arbete med ditt mindset.

Här är fyra nycklar och några konkreta tips för hur du kan tänka för att ta dig till nästa nivå:

1. Tro
Du måste faktiskt tro att det är möjligt att skapa en ny verklighet för dig själv. Vänta inte på bevis, utan våga lita på att du kan nå dina mål och tjäna betydligt mer pengar än du gör idag, även när situationen känns tuff. Du behöver inte se hela vägen – låt den formas av din personliga utveckling. En viktig del i att tjäna mer pengar är att höja ditt värde. Börja med att höja ditt inre värde, och dina dagliga rutiner så kommer ditt yttre värde att följa efter som vi pratat om tidigare.

2. Ägarskap
Ta hundraprocentigt ansvar för din nuvarande situation. Sluta skylla på omständigheter eller tidigare händelser. Bara när du erkänner att du själv skapar din verklighet kan du börja förändra den.

219

3. Tacksamhet

Pengar attraheras av en positiv och tacksam energi, inte desperation. Öva dig i att uppskatta det du redan har. När du känner och visar genuin tacksamhet öppnar du upp för mer överflöd.

4. Intentionalitet

Inget händer av misstag – du måste vara medveten om vad du säger och tänker om dina mål. Byt ut t.ex. "om jag lyckas" mot "när jag lyckas" och bli uppmärksam på hur du pratar om pengar och framgång.

Tre tips för att förstärka din pengamanifestation:

1. Bekymra dig inte om hur det ska gå till. Lita på att lösningen visar sig, även om du inte ser alla steg direkt.

2. Prata inte för mycket om din manifestation. I alla fall inte med fel personer som inte är lika entusiastiska som du. Håll din inre tro och drivkraft skyddad från ifrågasättande eller negativ energi. Du behöver ingen annans bekräftelse för att höja din standard.

3. Fira varje liten överraskande inkomst. Oavsett om det är ett hittat mynt, en oväntad rabatt eller en bonus – uppmärksamma och gläds åt varje form av inkommande pengar.

Genom att kombinera dessa principer med konkreta, praktiska åtgärder kan du stegvis höja din inkomst och närma dig den ekonomiska frihet du vill uppnå.

Fundera på vad ekonomisk frihet betyder just för dig och skriv ned det i din anteckningsbok.

Att attrahera pengar

En stark känsla av inre rikedom och glädje hjälper dig att ta dig ur ett begränsande bristtänkande. För att lyckas långsiktigt behövs både rätt psykologi och rätt praktiska steg.

Kultivera känslan av överflöd

När du känner dig trygg och hoppfull inför framtiden vågar du ta fler chanser och fatta bättre beslut. Du blir mindre rädd och försiktig, vilket ofta leder till fler möjligheter. Övertyga dig själv om att din framtid ser fantastisk och ljus ut, oavsett hur din nuvarande situation ser ut just nu.

Optimism vs. realism

Studier visar att realistiska eller pessimistiska personer ofta är mer exakta i sina bedömningar, men de agerar mindre eftersom de förväntar sig motgångar.

Optimister har kanske inte alltid rätt, men deras positiva förväntan gör att de försöker fler gånger och i längden når bättre resultat.

Det är ditt egna ansvar att se till att du identifierar dina negativa tankar och ersätter den med positiva.

"Shoot for the stars and you might hit the moon."

Endast den som vågar drömma stort och ta action kommer någon vart. Din resa kommer förmodligen ändras på vägen, men det spelar ingen roll – du kommer komma långt ändå.

Resiliens och handlingskraft

Äkta optimism handlar inte om att förneka verkligheten, utan om att inse att du är större än alla utmaningar. Den inre styrkan gör att du fortsätter när det är jobbigt och inte ger upp förrän du har lyckats.

När du kombinerar en stark inre övertygelse med kloka åtgärder kan du ta stora kliv mot dina ekonomiska mål. Poängen är inte att blunda för svårigheter, utan att inse att du har kapaciteten att övervinna dem.

Börja med de rätta människorna

"Först vem, sedan vad."

Att rekrytera eller arbeta med rätt personer handlar om värderingar och drivkraft. Många tror att en vattentät strategi är det viktigaste för att lyckas, men det är människorna bakom strategierna och dina kollegor som avgör om du lyckas på lång sikt.
Rätt personer med rätt attityd och värderingar kommer inte bara att utföra sina jobb – de tar ansvar, utvecklas och lyfter nivån för alla runtomkring.

Detta är något du bör titta på både när du söker ett jobb eller när du anställer.

Våga se bakom CV:t

Försök arbeta med och rekrytera personer som passar in i din kultur. Kompetens kan läras, men fel inställning är svårare att rätta till.

Om du själv skapar ett CV för ett nytt jobb, visa gärna att du genomgått en resa av personlig utveckling. Lyft fram din drivkraft och ambition samt vad du tror du kan tillföra företaget – det är ofta mer eller lika mycket värt än den kunskap du för närvarande besitter.

Den som intervjuar dig letar ofta efter "rätt" typ av person, inte nödvändigtvis den med mest erfarenhet.

Se upp för kulturkrockar

Om du värdesätter ärlighet, snabbhet och samarbete, anställ då inte någon som ogillar feedback eller förändring. På samma sätt bör du som söker jobb våga ställa obekväma frågor på intervjun för att se om företaget passar dig.

> *"Om du vill bygga ett fartyg, ge inte order*
> *om att skaffa trä och verktyg; väck längtan*
> *efter havet i människors hjärtan."*

Det räcker inte bara att ha rätt personer i teamet; de måste också sitta på rätt plats i "båten". En briljant analytiker passar kanske inte i en säljroll, och en kreativ idéspruta trivs sällan med monotont rutinjobb.

Identifiera styrkor

Prata med medarbetarna om vad de gillar och är bäst på.

Rotera innan du ger upp

Om någon inte presterar i sin nuvarande roll, kanske personen kan blomma ut i en annan.

Personalproblem eller processproblem?

När något inte fungerar är det lätt att peka finger mot en enskild person. Men fråga dig alltid först om du kan förbättra dina processer och dokumenterade rutiner för att undvika problemet i framtiden.

En tydlig process

Om dina processer och rutiner inte är dokumenterade är det snarare ett lednings- eller organisationsproblem. Om det finns en process men den inte följs, är det upp till individen att ändra sitt beteende – och det snabbt.

Kultur och ledarskap som driver resultat

"Ledarskap börjar med dig."

Skapa en kultur av frivillig disciplin

En stark företagskultur bygger på tydligt kommunicerade mål och höga förväntningar, men också på frihet under ansvar. När medarbetarna förstår syftet och känner sig sedda, blir de mer benägna att ta egna initiativ.

Som ägare eller chef är det lätt att fastna i micromanagement, särskilt om du själv har grundat företaget och kan alla detaljer. När teamet växer blir detta en fälla – att ständigt peka och ge snabba svar är tidsbesparande i stunden, men hindrar personalen från att växa.

Det finns en inspirerande video på YouTube som heter "Leadership on a submarine" som behandlar detta problem och hur det kan lösas.
Ta dig gärna tid att söka upp den, titta på den och reflektera.

Undvik micromanagement
I stället för att detaljstyra, ta dig tid till att ge kontinuerlig feedback och utbildning. I stället för att direkt ge svaret, ställ istället frågan till medarbetaren:
"Vad anser du är lösningen?"
Dokumentera alla arbetsprocesser och rutiner. Detta höjer dessutom bolagets värde om du en dag vill sälja.

Var brutalt ärlig
Var tydlig redan i anställningsintervjun med att ni arbetar med snabb konstruktiv kritik och att ni är snabba med att styra teamet inom rätt ramar.
Då blir det sedan lätt att lyfta svagheter och felsteg tidigt, så kan ni lösa problemen innan de växer sig stora.

*"Frivillig disciplin och ansvarstagande är
nyckeln till framgång."*

Ödmjukhet och beslutsamhet

En effektiv ledare skriker inte högst, utan lyfter fram sitt team, tar modiga beslut och är villig att lyssna. En ödmjuk ledare lyssnar på teamet, erkänner misstag och lär sig av dem. En beslutsam ledare tvekar inte att fatta tuffa beslut när det krävs.

Att hantera konflikträdsla

I många organisationer undviker man obekväma samtal, vilket alltid leder till frustration och hämmar innovation. Lösningen är en trygg miljö där man får säga ifrån och utmana "hur det alltid har varit", utan att någon tar det personligt.

Strategi och excellens

"Bra är fienden till fantastiskt."

Hedgehog-konceptet – hitta din kärna

Jim Collins menar att verkligt framgångsrika företag och individer hittar den punkt där passion, kompetens och ekonomisk drivkraft möts. Du blir bäst på det du älskar och tjänar pengar på, i stället för att spreta åt tusen olika håll.

Fråga dig själv:
- Vad älskar jag?
- Vad är jag riktigt bra på?
- Kan jag göra detta lönsamt?

Våga stå fast vid din riktning
Trender kommer och går. Har du definierat din kärnstrategi, håll fast vid den. Visst kan du justera detaljer eller taktik, men byter du spår för ofta hinner du aldrig bli så skicklig som krävs för verklig framgång.

Undvik impulsiva pivoteringar
Bestäm i förväg hur ofta du utvärderar din strategi – kanske en gång i månaden eller per kvartal. Men lär dig agera snabbt när du identifierar ineffektivitet eller rutiner som leder till problem, då agerar du snabbt.
Ta små och mellanstora beslut fort, men förbli trogen ditt "varför".

"Obeslutsamhet kostar mer än ett fel beslut."

Prestationsoptimering: Från små steg till stora resultat

"Förbättra en procent varje dag."

Momentum genom mikro-förbättringar
Storslagna resultat bygger ofta på små, konsekventa åtgärder. När du förbättrar något en aning varje dag, växer effekten exponentiellt över tid.

Praktiskt tips: Välj en färdighet att träna i tio minuter om dagen och logga din utveckling.

Mät rätt saker
Om målet är ökad försäljning, fokusera på kvalitativa leads och konverteringar – inte bara på antalet sociala medie-likes. I slutändan är det intäkter som betalar räkningarna.

- **Välj 2–3 tydliga KPI:er** som speglar din kärnstrategi och din försäljningsutveckling.
- **Följ upp kontinuerligt** och våga justera om mätetalen blir irrelevanta.

Teknik som stöd – inte ersättning
Digitala verktyg och automatisering kan accelerera framgång, men de kan aldrig rädda en otydlig strategi eller ett omotiverat team. Börja alltid med människor och processer, och låt sedan tekniken förstärka.

Personlig framgång och karriärutveckling

"Hur du gör en sak är hur du gör alla saker."

Om du slarvar med små uppgifter är risken att du också slarvar med större. Tar du däremot ansvar, är noggrann och engagerad även i de minsta detaljerna, visar det på en arbetsmoral och inställning som genomsyrar allt du gör. Både chef och kollegor ser snabbt om du underpresterar – även om det gäller något litet.

Även små brister kan sänka ditt personliga varumärke inom företaget och skapa en negativ spiral i organisationen. Bli därför duktig på att identifiera dina svagheter. Antingen skaffar du dig kunskapen eller etablerar hållbara rutiner, eller så delegerar du uppgifter du är mindre bra på och fokuserar på där du verkligen kan skapa värde.

För att lyckas krävs först och främst att du är brutalt ärlig mot dig själv, och därefter mot dina medarbetare. Föreslå lösningar och hitta en hållbar väg framåt.

Överleverera och skapa förtroende

> *"Den som gör mer än de får betalt för,*
> *kommer aldrig att förbli underbetald."*

I en tid när många gör "minsta möjliga" är det en enorm konkurrensfördel att överträffa förväntningarna. Chefens, kundens eller kollegans förtroende växer, vilket i längden ger fler möjligheter och högre lön. Se detta som en investering i din framtid och förvänta dig inte omedelbar respons.

Ta mer ansvar än du 'behöver'

De som ständigt tar initiativ och säger "Jag fixar det" blir ovärderliga för en organisation. Det är så du sticker ut och blir en självklar kandidat för befordran, eller bygger en stadig kundbas om du driver eget.

Bygg ditt personliga varumärke

"Ditt personliga varumärke
är din viktigaste tillgång."

Ett starkt personligt varumärke handlar inte bara om influencers. Det handlar om vem du vill vara, hur du kommunicerar och hur andra uppfattar din kompetens och din karaktär.

Definiera dig själv
Vilka värderingar vill du förknippas med? Vilka är dina främsta styrkor?

Bli synlig
Nätverka, var aktiv på sociala medier eller håll föredrag – se till att människor känner till vem du är och vad du gör.

För dig alltid väl
Uppträd professionellt. Klä dig snyggt, se till att vara ren och fräsch. Ditt intryck räknas.

Innovation och kreativitet i praktiken

Enkelhet framför allt

"Innovation handlar om att säga nej till
tusen saker."

Det kan vara frestande att ständigt lägga till nya funktioner, idéer och projekt. Men verkligt effektiva lösningar uppstår ofta när man skalar bort det onödiga och håller det enkelt. Det finns ett passande nyckelord för detta som är KISS (Keep It Simple Stupid), överkomplicera inte.

Nätverkande skapar möjligheter

> *"Ju fler människor du har kontakt med,*
> *desto fler affärer stänger du."*

Människor är nyckeln till nya idéer, samarbeten och marknader. Hjälp andra och var generös i ditt nätverkande. Ofta är det någon du hjälpt som senare öppnar en dörr för dig.
Efter ett event – hör av dig inom 48 timmar. När du visar äkta intresse lämnar du ett bestående intryck.

Agera snabbt
Den som tvekar för länge riskerar att en konkurrent hinner först. Testa idéer i liten skala; gör en prototyp eller test koncept och lär dig under tiden. Allt behöver inte vara perfekt för att du ska kunna starta din försäljning

> *"Speed wins*
> *– agera snabbt och beslutsamt."*

Att starta eget – från låg till hög risk

"Om du behöver uppmuntran, starta inte ett företag." – Elon Musk

Att starta företag är för många en dröm, men risken kan varieras beroende på vilka förutsättningar och vilken takt du vill ha. Om du startar eget, var beredd på att det är mycket du behöver lära dig, även om du endast startar ett lågriskbolag.

Tre nivåer av risk

1. **Lågrisk**
   Starta ett hobbyprojekt vid sidan av jobb eller studier och väx i liten skala. Eller börja fakturera via eget bolag för den arbetsgivare du redan är anställd av. Det kan också innebära att du går via ett konsultbolag som hyr ut dig.

2. **Mellanrisk**
   Börja som konsult inom din expertis, utan garanterade uppdrag. Marknadsför dig själv tills du får in kunder.

3. **Högrisk**
   Satsa fullt ut från noll med investeringar i lager, lokaler och anställda. Här är potentialen större, men pressen högre.

*"Att starta ett företag är som att tugga glas
och stirra in i avgrunden." – Elon Musk*

Bygg ett drömteam runt företaget
Till en början kanske det bara är du – eller du och dina
partners – som fyller alla roller. Första prioritet blir alltid
att få in intäkter. Många fastnar för länge i planering och
struktur. Se till att du börjar sälja och tjäna pengar så
tidigt som möjligt och involvera alla partners mer eller
mindre i försäljningen, det är nr 1.

Som företagsgrundare eller VD är en av dina viktigaste
uppgifter att hitta rätt människor och ge dem
förutsättningar att lyckas. Du kommer ibland behöva
fatta svåra beslut om personal för att företaget ska
överleva och växa.

Lös problem och tjäna pengar

*"Företagsamhet är att lösa problem för
andra mot en vinst."*

Ju större problem du löser för kunden, desto mer värde
skapar du. När du väl startar en verksamhet är det som
att påbörja ett VM i problemlösning. Entusiasmen du
känner i början kommer snart att följas av insikten om
allt som krävs för att nå resultat. Det är viktigt att du lär
dig gasa i perioder och orka fortsätta lösa problem varje
dag. Skapa som jag pratat om en struktur för alla bollar i
luften genom att få ner dessa på din to-do list eller i
kalendern. Plocka ner alla bollar i din struktur och
exekvera dagligen på en efter en.

Börja med en buffert

Startar du eget utan fast anställning behöver du åtminstone tre till sex månaders buffert privat. Det vill säga sex gånger dina månadskostnader på ett separat konto. Vill du skala upp bolaget när det går bra, behöver du dessutom en penga buffert i företaget för anställningar, lokaler och andra investeringar. Som företagsägare får du lön sist (om det finns pengar kvar), så det är klokt att ha ett tryggt grundkapital för att undvika panik.

Led dig själv och andra mot resultat

Tid är din mest värdefulla resurs
Hur skulle du se på din tid om du värdera den till 5000 kr i timmen, alla vakna timmar på dygnet?
Om du ger din tid ett konkret, högt värde inser du snabbt vilka sysslor du bör delegera eller helt släppa, samt när du slösar bort din tid på saker som är helt onödiga. Ställ dig ofta frågan: "Är detta värt min timkostnad?"

Lev som du lär

Dina handlingar talar högre än dina ord. Om du förväntar dig att andra tar ansvar, leverera själv i tid, håll löften och ta tag i problem direkt.

Balansen mellan jobb och privatliv

"Att vinna i affärer spelar ingen roll om jag inte också har ett bra äktenskap och mår bra i mig själv."

Ett framgångsrikt företag eller en blomstrande karriär är inte mycket värt om du bränner ut dig eller försummar dina närmaste relationer. Planera för familj, vila och hälsa lika seriöst som du planerar dina affärsmöten.

Samtidigt är det viktigt att förstå att balans kan rubbas tillfälligt när du satsar hårt och gör "sprintar". Förklara gärna din situation för de närmaste så att de förstår varför du under vissa perioder är mindre tillgänglig och mentalt frånvarande.

Många tror att allt löser sig bara när de tjänar mycket pengar. Men när en tjock och till synes ohälsosam man med lågt första intryck kravlar sig ut ur sin Lamborghini är det inte många som blir imponerade.

Så pengar är inte allt, det är helheten vi är ute efter i Framgångscirkeln. Vi vill ha en del av allt som tillsammans bygger oss starka och rika på fler sätt än bara pengar.

Resultat i slutändan

Vackra visioner och stark kultur i all ära – i slutändan är det resultatet som visar om du levererar det du lovar, inom alla områden av livet.

Våga fråga dig själv:

"Blir det skillnad på riktigt?"

Håll dina löften
Ge inte svar som låter bra om du inte sedan håller.
Varje löfte – även ett litet – behöver du omedelbart
notera i din kalender eller to-do lista så att du aldrig
tappar bort det. Andras förväntan på dig är avgörande
för hur du uppfattas både som vän, kollega och
affärspartner.

Försäljning – nyckeln till allt

Oavsett vilken roll du har i ett företag, är försäljning
avgörande. Antingen säljer du en produkt, en tjänst eller
dig själv.

"En försäljning är en överföring av tro."

Jag rekommenderar alla att lägga åtminstone ett par
timmar på att lära sig grunderna i försäljning. Det finns
gott om videor på YouTube, och Alex Hormozi är en av
mina favoriter på ämnet.

Det är inte bara vad du säger, utan även hur
Att sälja handlar inte bara om ord. Det handlar om ditt
tonläge, din rytm och din energi. Ett säljmanus kan vara

perfekt i sak, men utan rätt känsla och övertygelse faller allt platt.

Exempel:
"Du borde prova det här." (tveksamt, svagt)
"Du borde prova det här!" (entusiastiskt, övertygande)

Kunden känner direkt om du låter osäker eller bara läser innantill. Därför måste du öva på dina USP:ar om och om igen tills du låter helt naturlig. Spela in dig själv med mobilen och lyssna på dig själv.

Tro på det du säljer
Det finns två vägar till rätt ton: repetition och övertygelse. Du kan öva tills det sitter, men det går snabbare om du faktiskt tror på det du säljer. Ingen produkt är perfekt, men dina avsikter bör vara det – du vill verkligen att kunden ska lyckas.

Agera som en mästare
Lär dig när du ska pausa, när du ska öka tempot och hur du kan använda din egen entusiasm och övertygelse.

Försäljning är ett "numbers game"
All försäljning bygger på att skapa många kontaktpunkter och sedan konvertera så många av dem som möjligt. I kombination med marknadsföring ser du till att potentiella kunder (leads) flödar in i din säljtratt där du konverterar dessa till betalande kunder.

Ett exempel – räkna baklänges

Anta att du vill sälja en produkt för 1 000 kr och siktar på en årsomsättning på 1 000 000 kr. Då behöver du sälja 1 000 produkter.

Du behöver ta hänsyn till:

Antal leads

Om din konverteringsgrad är 5 % (0,05), behöver du 20 000 leads totalt (1 000 / 0,05).

Dagliga leads

Arbetar du 250 dagar om året krävs 80 leads per dag (20 000 / 250).

Kontaktpunkter

Om din klickfrekvens (CTR) är 2 % behövs 4 000 visningar per dag (80 / 0,02).

Dagliga försäljningar

80 leads × 5 % = 4 försäljningar, vilket ger 4 000 kr om dagen. På 250 arbetsdagar = 1 000 000 kr.

Detta visar hur du kan räkna baklänges från ditt ekonomiska mål för att förstå hur många dagliga aktiviteter du behöver göra. All försäljning handlar om att skapa ett tillräckligt stort dagligt inflöde av leads och sedan omvandla dem till kunder.

Förhandling

"Förhandling är inte en kamp – det är en dans där båda parter kan lämna golvet med ett leende."

Förhandla som ett proffs

I både karriär och företagande är förhandling en naturlig del av vardagen. Det gäller allt från lönesamtal till avtal och kontrakt med samarbetspartners och kunder.

Att förhandla handlar inte bara om att vinna för stunden, utan om att skapa långsiktigt värde för alla inblandade.

Vad är förhandling egentligen?

Se det som ett samarbete snarare än en konfrontation. Båda sidor vill hitta en lösning som funkar för dem.

Till exempelt i ett lönesamtal:
"Jag har bidragit med X, Y och Z. Hur kan vi hitta en lön som speglar det värdet?"

Tre strategiska tips för framgångsrik förhandling

1. **Förbered dig noggrant – kunskap är makt**
   Kartlägg dina mål och ta reda på motpartens drivkrafter och prioriteringar. Ju mer du förstår deras perspektiv, desto bättre kan du forma ditt erbjudande.

2. **Lyssna mer än du pratar**
   Den som lyssnar får fördelen. Låt motparten tala fritt
   – de avslöjar då vad som är viktigt för dem. Var
   nyfiken och ställ frågor i början av mötet så du vet
   hur du ska lägga upp din pitch.

3. **Fokusera på värde, inte bara pris**
   Förhandling handlar om mer än bara pengar.
   Fundera på och förbered vad du kan erbjuda utöver
   priset – kanske extra support eller snabbare
   leverans. Sträva efter win-win, där båda lämnar
   mötet nöjda och ser fram emot ett framtida
   samarbete.

Att tänka på i förhandlingen

- Håll känslorna i schack. Ta en paus om det blir
  spänt.
- Var flexibel och ha flera alternativ.
- Använd "om-då"-formuleringar: "Om jag kan erbjuda
  X, kan ni då ge mig Y?

Avslutning – en dans mot lösningar
Förhandling är en av de mest värdefulla färdigheter du
kan utveckla. Genom rätt förberedelser, aktivt lyssnande
och en värdebaserad inställning kan du nå dina mål och
samtidigt bygga starka relationer.
Oavsett vad du ger dig in i kommer du hamna i

förhandlingar och ju bättre du blir desto större fördel för ditt liv. Utforska gärna mer gällande förhandling på tex Youtube och träna innan din nästa förhandling.

Löneförhandling

"Du får inte vad du förtjänar, du får vad du förhandlar om."

Att förhandla om sin lön är både en konst och en färdighet. Det handlar inte bara om mer pengar, utan om att visa ditt värde och säkra en framtid där du känner dig uppskattad. Använd ditt mentala arbete och förbered dig noga.

Din förhandling börjar månader innan mötet
Gör ett bra jobb över tid och ta hand om de små detaljerna som annars kan irritera en chef. Var alltid i tid, hantera din arbetstid ansvarsfullt och visa att du vill lära dig bli bättre. Att synligt och ofta anteckna i ett anteckningsblock är inte bara för att du så snabbt som möjligt ska lära dig allt, det är även bra för att visa dina chefer att du vill lära dig.

Förbered dig väl
Undersök löneläget via fackförbund eller intern statistik. Förbered argument som visar hur du faktiskt bidrar och vilka resultat du har uppnått. Sätt både en drömlön och en minimigräns.

Visa ditt värde
Kom med konkreta exempel: "Jag ökade försäljningen med 15 % via..." eller "Jag utvecklade en ny rutin som sparade tid." Förklara också hur du vill bidra framöver.

Var flexibel
Om arbetsgivaren inte kan höja din grundlön – diskutera bonusar, fler semesterdagar eller andra förmåner eller roller i företaget.

Hantera ett nej
Fråga om en omvärdering om ett halvår. Håll tonen positiv och professionell. Visa att du är långsiktig och fortsatt engagerad.

Våga tro på dig själv – du förtjänar att bli erkänd för ditt arbete.

Från problem? Till lösning

Svårt att hitta rätt människor?
Fokusera på värderingar och drivkraft.

Teammedlemmar på fel plats?
Analysera styrkor och byt roll innan du ger upp.

Bristande engagemang?
Ge tydliga mål men också frihet att nå dem. Var ärlig om problem.

Obeslutsamhet?
Agera på 40–70 % av informationen och lär dig under resans gång. Det finns ingen perfekt väg framåt!

Nöjer du dig med "bra nog"?
Bygg en kultur som strävar efter fantastisk kvalitet.

Otydliga nyckeltal?
Välj 2–3 KPI:er som speglar din affärsvision.

Konflikträdsla?
Skapa en miljö där feedback är naturligt och "elefanter i rummet" lyfts i tid.

Hälsa och relationer på spel?
Schemalägg återhämtning lika seriöst som kundmöten.

Underskattar du tidens värde?
Delegera eller automatisera det som inte kräver din unika kompetens.

Gör din vision till verklighet

Allt du läst är inte bara teori. Det är en verktygslåda för att ta dig från din nuvarande situation till nästa nivå i karriären eller företagandet.
Det kan kännas överväldigande att göra allt på en gång, så börja med ett eller två områden som känns mest angelägna och sätt igång redan idag.

"Utan handling blir alla fina idéer bara luftslott."

1. **Välj ett fokusområde**
2. **Formulera konkreta åtgärder**
3. **Genomför och följ upp**
4. **Fira små vinster**

När du tillämpar dessa principer i vardagen – vare sig du är anställd, chef eller entreprenör – skapar du grunden för hållbar framgång. Den här resan kräver mod, disciplin och passion, men belöningen är att du kommer närmare den karriär eller det företag du drömmer om.

Detta har du lärt dig

Du har nu fått nycklarna till hur du kan ta din karriär eller ditt företagande till nästa nivå – på ett hållbart sätt. Nedan följer en kort sammanfattning av de viktigaste punkterna:

Mindset och ekonomi
Ditt ekonomiska lyft börjar med hur du tänker: tro på dig själv, ta fullt ägarskap, visa tacksamhet och var medveten om dina ord och tankar.
Attrahera pengar genom att odla en känsla av överflöd och optimism.

Karriär och företagande

Bygg framgång genom rätt människor och rätt värderingar, snarare än enbart strategier.

Se till att alla i teamet har rätt roll och att du själv söker miljöer som passar dina drivkrafter.

Ledarskap och prestation

Öva på att inspirera och lyfta andra i stället för att detaljstyra.

Skapa en kultur där konstruktiv feedback och tydliga processer uppmuntrar både ansvar och förbättring.

Strategi och försäljning

Våga välja en tydlig riktning och undvik ständiga spårbyten.

Försäljning handlar om övertygelse: tro på det du erbjuder och räkna baklänges för att nå dina mål.

Förhandling och personlig utveckling

Förhandling är en samarbetsprocess där båda kan vinna; var förberedd, lyssna mer än du pratar och fokusera på värde, inte bara pris.

Bygg ett starkt personligt varumärke genom att överleverera och visa integritet.

Nu återstår det viktigaste: **Ta action**. Välj ett område att förbättra redan idag och gör en konkret plan.

Vilket första steg tar du just nu?
Ditt framtida jag kommer att tacka dig.
NU KÖR VI!

EKONOMI

STRUKTUR

FRIHET

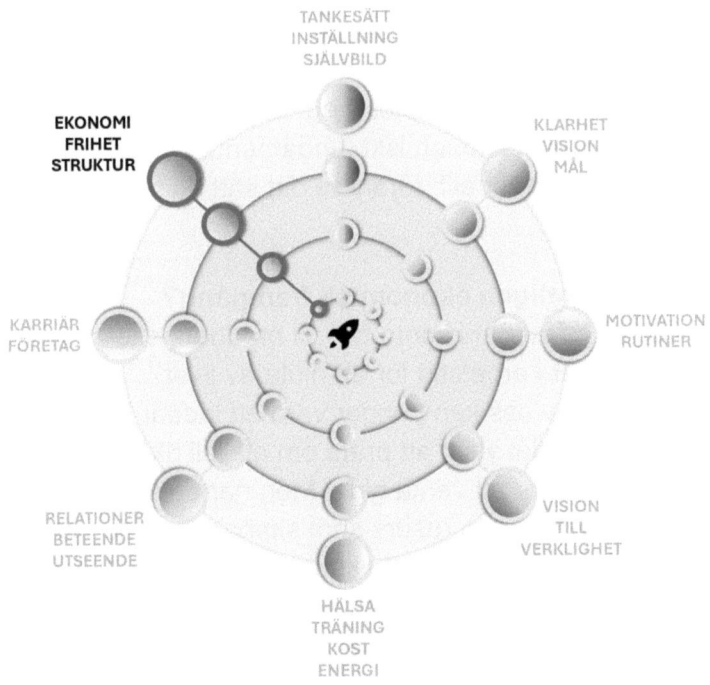

Ditt första steg mot ekonomisk struktur och frihet

"Tänk om pengar inte var en källa till stress
- utan en nyckel till frihet?"

För många kan ekonomisk framgång kännas som en avlägsen dröm, något som bara är till för andra. Men sanningen är att det handlar mindre om tur och mer om rätt strategi, rätt mindset och rätt handlingar. Det här kapitlet är din vägvisare. Här slår vi hål på myter, identifierar fallgropar och visar hur du kan ta kontroll över din ekonomi – steg för steg. Du får verktygen för att skapa ett stabilt ekonomiskt fundament, bygga långsiktig tillväxt och framför allt: förändra ditt sätt att se på pengar.

Vad är egentligen ekonomisk framgång?
Är det att ha ett bankkonto fyllt till brädden, eller att kunna gå ner i arbetstid för att njuta av livet?
För många av oss kan pengar vara ett laddat ämne. Ibland känns det ytligt att prata om att "bli rik", eller så finns rädslan för att verka girig. Men när du ser pengar som ett verktyg – en resurs som skapar trygghet och möjligheter – förstår du att ekonomisk framgång handlar om så mycket mer än siffror på kontot. Det handlar om frihet och om att kunna forma det liv du vill leva.

I denna resa kommer du att få en strukturerad, inspirerande och hoppfull väg mot starkare framtida ekonomisk trygghet. Vi lyfter upp vanliga problem och visar hur du steg för steg kan förvandla osäkerhet till klarsyn, och drömmar till verklighet. Du får också en praktisk modell för hur du kan tänka kring bankkonton, riskhantering samt hur du kan dela ekonomin med din partner på ett smart sätt.

Det är dags att sluta känna dig fast i ekorrhjulet och börja forma din egen ekonomiska framtid.

Vanliga smärtpunkter

Innan vi dyker in i strategier och lösningar är det viktigt att identifiera vilka hinder du kan möta på vägen. Många upplever till exempel:

- **Osäkerhet kring var man ska börja**
  Skapa en grundläggande översikt. Skriv ner inkomster, utgifter och sätt upp första sparmålet.

- **Rädsla för att förlora pengar**
  Börja med mindre summor, gör din "hemläxa" och sprid riskerna.

- **Begränsande tankesätt och lågt självvärde**
  Investera i din personliga utveckling. Läs böcker, gå kurser, investera i coaching och omge dig med människor som inspirerar dig.

- **Brist på struktur (lever från lön till lön)**
  Skapa en budget- och kontostruktur som ger kontroll över din ekonomi. Lev under dina tillgångar och investera mellanskillnaden.

- **Tidsbrist och dålig prioritering**
  Avsätt regelbunden "ekonomitid". Automatisera betalningar och sparande, och lär dig säga nej till tidstjuvar.

"Vänta inte på perfekta förhållanden
- börja nu."

Kom ihåg att framgångsrika människor ofta inte är de som undvek alla risker, utan de som lärde sig att hantera dem, agerade snabbt och kontinuerligt förbättrade sina strategier.

Det är helt normalt att känna stress eller förvirring inför ekonomiska frågor. Men genom att först peka ut dina utmaningar blir det betydligt enklare att se var du ska lägga ditt fokus. Tänk på att varje smärtpunkt också är en möjlighet till personlig utveckling.

Att fastna i "lön till lön"
Många lever under en ständig oro över att pengarna inte ska räcka månaden ut. Målet är att bryta denna känsla av hamsterhjul och komma in i ett läge där du inte bara överlever, utan faktiskt börjar spara och investera.

"En budget är inte en begränsning
- det är en plan för frihet."

Med tydlig struktur och nytt mindset kan du ta dig ur
denna negativa spiral och börja bygga för framtiden.

Bygg rätt mindset.
Nyckeln till all framgång

"Din inkomst överstiger sällan din
personliga utveckling."

Pengar kan jämföras med en spegel: de visar ofta hur
du tänker om dig själv och vad du tror att du förtjänar.
Därför är det så viktigt att börja på insidan. Om du i
grunden inte tror att du är värd mer, är risken hög att du
omedvetet saboterar för dig själv genom dåliga beslut
eller genom att aldrig ta steget fullt ut.

"Pengar följer värde."

Grunden för ekonomisk framgång är att skapa värde för
andra. När du löser andras problem eller bidrar till deras
välmående uppstår en naturlig efterfrågan. Det är just i
mötet mellan efterfrågan och lösningar som pengarna
genereras.

"Tänk stort men börja smått."

Ibland blir vi överväldigade av tanken på att göra en radikal förändring. Men kom ihåg att varje resa börjar med ett första steg. Sätt upp stora mål för inspirationens skull, men fokusera på små, regelbundna steg i rätt riktning. Dessa små steg skapar momentum och för dig stadigt framåt.

Investera i dig själv

> *"The more you learn, the more you earn."*

Varje krona du lägger på utbildning, mentorskap eller kurser är en investering med potential att ge mångdubbelt tillbaka. När du lär dig nya sätt att tänka, nya färdigheter och strategier blir du mer värdefull för både dig själv, arbetsgivare, kunder och samarbetspartners.

Struktur i privatekonomin.
Dina konton som bästa vän

Ett av de mest förbisedda men samtidigt kraftfulla verktygen för ekonomisk framgång är att strukturera din privatekonomi smart. Att "ha koll" är inte begränsande; det ger dig tvärtom friheten att göra genomtänkta val, lägga pengar på rätt saker och bygga ett stadigt kapital över tid.

Din Personliga Konto-Strategi

Här är en modell du kan använda för att skapa ordning och reda bland dina bankkonton:

Lönekonto

Hit kommer din lön in. Här ligger det generellt en del pengar som skapar lite rörelsekapital. Om du är ensam i hushållet kan du betala dina räkningar från detta konto.

Visa / Mastercard-konto

Låt aldrig stora summor ligga på ditt kortkonto eftersom ditt kort kan bli stulet, antingen fysiskt eller digitalt. Jag har sällan över 5 000 kr på detta kort konto, men jag för över mer i appen om jag behöver handla något större.

Gemensamt Konto med Livspartner

Om du delar ekonomi med en partner kan det vara värdefullt att ha ett separat gemensamt konto för hushållets utgifter, matinköp, räkningar och liknande. Det skapar tydlighet och minskar risken för konflikter. Om båda arbetar kan ni till exempel föra över samma summa hit när ni får lön, eller en specifik % av er lön vardera om löne kontrasten är stor och ni inte delar ekonomi till hundra procent. Ni behöver föra in en summa som täcker era månatliga utgifter och samtidigt bygger en liten buffert.

Målkonto (kortsiktiga och medellånga mål)

Resa? Ny dator? Lägenhetsrenovering?
Sätt upp ett särskilt konto för större engångsköp eller

drömmar du vill förverkliga inom en viss tidshorisont
(t.ex. 1–3 år).

Buffert / Trygghetskonto
Här sparar du tillräckligt för att klara akuta utgifter eller
oförutsedda händelser. En tumregel kan vara 2–3
månadsutgifter, men detta kan variera beroende på din
livssituation och hur trygg du vill känna dig. Förvara
pengarna på ett sparkonto med ränta, men som är
lättillgängligt för ett snabbt uttag ifall något akut inträffar.

Investeringskonto (där du låter pengarna växa)
Det kan vara ett ISK (Investeringssparkonto),
räntekonto, fond eller en kapitalförsäkring.
Här bygger du upp aktier, fonder eller andra
värdepapper för långsiktig tillväxt.
Sätt upp en automatisk överföring varje månad – gör
sparandet till en vana, inte ett val.

"Lev under dina tillgångar och investera skillnaden."

Genom att medvetet hålla dina fasta kostnader på en
lägre nivå än din inkomst, frigör du utrymme att sätta
pengar i arbete för dig själv.

Hantera risk och buffert

Buffertens storlek: 2–3 månadsutgifter är ett vanligt
riktmärke, men anpassa efter situation. Har du ett

otryggt jobb eller många försörjningspliktiga i hushållet kan du behöva mer.

Risk vs. Avkastning: Högre risk kan ge högre avkastning, men du bör aldrig investera mer än vad du har råd att förlora. Riskera ej din buffert.
Exempel: Om du har månatliga utgifter på 30.000 kr, kan 60 000–90 000 kr som buffert ge en bra trygghet och lite andrum att hitta ett nytt jobb om du skulle behöva.
Dina "överblivna" pengar sätter du i arbete via räntekonto, fonder, aktier eller andra investeringar.

Var försiktig med lån
Utgå från att de enda två lånen som är acceptabla är för fastighet/boende och bil. Låna aldrig pengar av någon som går till konsumtion, inte ens dina föräldrar.
Upprätta aldrig online- eller sms-lån.
Om du skulle behöva låna pengar, lär dig först skapa en plan för det eventuella lånet genom att innan du tar detta räkna och strukturera upp lånet i Excel med strategiska månatliga avbetalningar som ryms gott och väl inom dina månatliga intäkter och utgifter.

Köp inte onödiga saker innan du har råd
Allt för många blåser alldeles för mycket pengar på prylar och livsstil utan att först bygga upp sin buffert.

Vägen till hållbar tillväxt. Att investera och tjäna pengar när du sover

"Tjäna pengar när du sover
- bygg passiva inkomster."

Passiva inkomster – Myt eller möjlighet?

En passiv inkomst är intäkter som inte kräver din ständiga närvaro eller tid. Det kan röra sig om:

- Aktieutdelningar
- Ränteintäkter
- Uthyrning av fastighet eller del av bostad
- Digitala produkter som säljer dygnet runt
- En liten hobby e-handel

Passiva inkomster är en fantastisk väg till ökad frihet. Det betyder inte att du aldrig behöver arbeta för dem – ett förarbete och kontinuerligt underhåll krävs alltid. Men när väl systemet är på plats kan du få en stadig ström av intäkter med minimal insats.

Flera Inkomstkällor = Ökad Trygghet

Genom att inte lägga alla ägg i samma korg sprider du riskerna. Skulle en inkomstkälla sina, har du andra som kan backa upp. Tänk på att börja enkelt: kanske en liten e-bok du kan sälja online, ett konsultuppdrag på timmar eller ett första köp av aktier i ett stabilt bolag.

Den snabbaste vägen till mer pengar är ofta att våga förhandla om din lön, dina arvoden och dina avtal. Du är ofta värd mer än du tror, men du måste också ta initiativet och visa ditt värde för omvärlden. Använd knepen som vi pratade om tidigare.

Omgivning och nätverk

"Dina inkomster är ett genomsnitt av de fem personer du spenderar mest tid med."

Välj Din Krets Med Omsorg

Människorna du har runt dig påverkar både dina tankar och dina ekonomiska vanor. Om du vill höja din standard och dina ambitioner – sök dig till sammanhang där människor redan har kommit dit du vill vara.
Var inte rädd för att ta kontakt med mentorer eller personer du ser upp till.

Tålamod och att bygga långsiktigt

"Jag har hållit på i 20 år och ska hålla på i 30 år till."

Det är lätt att stirra sig blind på snabba resultat, men ekonomisk framgång är ett maraton snarare än en sprint. Sikta på att bygga strukturer och kunskap som håller livet ut. Det handlar om allt från egna företag och investeringar till goda vanor kring hur du sparar och spenderar.

Ditt Nästa Steg

1. **Reflektera:**
   Gå igenom dina anteckningar från detta kapitel och besluta vad du kan förbättra.
2. **Agera:**
   Strukturera din privatekonomi.
3. **Fortsätt lär:**
   Ekonomisk utveckling är en pågående process. Ju mer du lär dig och växer, desto mer kommer dina inkomster att spegla den utvecklingen.

   "Du kommer aldrig att tjäna mer
   än vad du tror att du är värd."

När du höjer din uppfattning om ditt eget värde och backar upp det med handling och kunskap, kommer du att märka hur nya möjligheter och intäktsströmmar börjar flöda in i ditt liv.

Din ekonomiska resa är en del av din personliga utveckling. Se det inte som ett parallellt spår; det är en integrerad del av vem du är och vart du är på väg. Genom att svara på formulärets frågor och omsätta svaren i konkret handling tar du ansvar för din framtid och lägger grunden för långsiktig ekonomisk och personlig framgång.

"Arbeta inte för pengar, arbeta för utveckling."

När du anammar detta tankesätt kommer du märka hur ekonomi inte längre handlar om "att bli rik snabbt", utan om att växa som person, skapa värde och låta pengar bli en resurs för att leva det liv du verkligen vill.

Detta har du lärt dig

Ekonomisk framgång handlar inte om att bli rik snabbt, utan om att skapa struktur, rätt mindset och värdeskapande. Du har fått en tydlig modell för hur du kan organisera dina bankkonton – med lönekonto, buffert, investeringskonto och målbaserade sparanden – för att få bättre överblick och minska stress.

Genom att investera i din personliga utveckling och våga höja din självkänsla lägger du grunden för ett sundare förhållande till pengar. Minnet av att "pengar följer värde" påminner dig om att fokus ska ligga på att hjälpa andra och lösa problem, vilket i sin tur skapar nya inkomstmöjligheter.

Att sprida dina inkomster på flera källor gör dig mindre sårbar. Passiva inkomster, som avkastningar från aktier eller uthyrning, kräver visst förarbete men ger dig större frihet på sikt. Du har också lärt dig hur en buffert ger trygghet och varför det är viktigt att ha koll på både risknivå och lån.

Slutligen betonas hur dina relationer och ditt nätverk påverkar ditt ekonomiska tänk. Välj att omge dig med människor som inspirerar dig och delar dina ambitioner. Ekonomisk framgång är ett maraton: små, konsekventa steg nu lägger grunden för din långsiktiga ekonomiska frihet.

Nu är det dags att omsätta kunskapen i handling!

Vad blir ditt första steg?

NU KÖR VI!

DITT NÄSTA STEG

MOT DIN NÄSTA NIVÅ

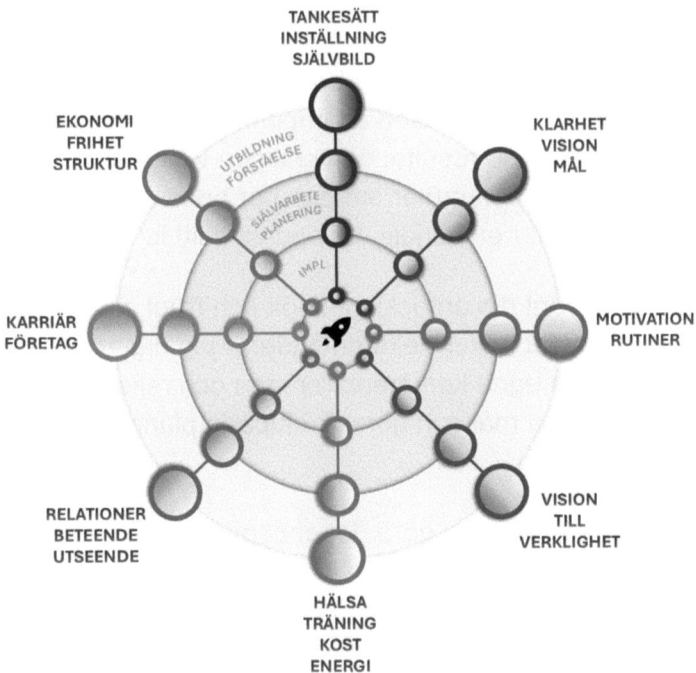

Grattis!

Du har nu tagit dig igenom hela Framgångscirkeln, och det betyder att du har de verktyg, strategier och insikter som krävs för att skapa verklig förändring i ditt liv.

Men låt oss vara ärliga: kunskap utan handling är värdelöst.
Det är nu det riktiga arbetet börjar.
Det är nu du har chansen att implementera allt du lärt dig och skapa de resultat du verkligen vill ha.
Det är nu du bestämmer om den här boken bara blir inspiration eller en verklig vändpunkt i ditt liv.

Har du använt din anteckningsbok och flitigt antecknat medan du läst boken rekommenderar jag dig att läsa igenom dina egna kommentarer igen och reflektera, skriva ner nya mål och göra fördjupade planer för dig och din framtid.

Men du behöver inte göra det ensam.
Om du vill implementera din transformation snabbare, få personlig vägledning och en tydlig plan för hur du når nästa nivå ännu effektivare – då är mina coachingtjänster det perfekta nästa steget för dig.

1:1 Coachning:
Få skräddarsydd vägledning, konkreta strategier och personligt anpassade steg för att ta dig till ditt nästa mål.

Om du är redo att ta action på riktigt – boka ett kostnadsfritt samtal med mig så ser vi snabbt om vi är en bra match för ett samarbete.

www.johnlonn.com/boka

Låt oss skapa din transformation och plan för framtiden **tillsammans.**

Tack för att du har varit en del av den här boken.
Nu är det dags att ta ett djupt andetag, lyfta hakan och gå ut och **ÄGA DIN FRAMTID.**

DU HAR DET HÄR!

Vi ses på DIN NÄSTA NIVÅ!

John Lonn

www.johnlonn.com

www.johnlonn.com

Här kan du enkelt hitta tillbaka till dina favoritavsnitt: